JN111829

はじめて受け持つ

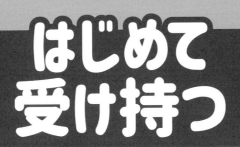

1 小学校
年生の

学級経営

小川　拓　編著

新しい時代の学級経営とは

　2020年4月、コロナ禍で多くの学校が休校を余儀なくされる中で、小学校では新しい学習指導要領が全面実施となりました。「社会に開かれた教育課程」「カリキュラム・マネジメント」「主体的・対話的で深い学び」「プログラミング教育」など、多くのキーワードが語られていますが、その多くは教科の学びに関することです。

　では、学級経営は、これまで通りでよいのでしょうか。答えは「否」です。もちろん、これまでのやり方を180度転換する必要はありませんが、変えていかねばならない部分は少なからずあります。

　ポイントは大きく二つあります。一つ目は子供たちの「主体性」を伸ばすことです。

　これまでの日本社会は、製品等をより効率的・大量に生産し、流通・販売させることで発展してきました。そして、学校教育では与えられた課題を「速く」「正確に」こなす力を子供たちに養っていました。

　しかし、時代は変わり、今は自ら課題を見つけ、周囲と協働しながら解決・改善していく力が求められています。会社で言えば、製品を作ったり、管理したりする力よりも、新しい商品・サービスを企画したり、販売や流通のアイデアを提案したりする力が求められているのです。今後、単純作業の多くがAI（人工知能）に代替されていけば、その傾向はますます強まるでしょう。

　そうした流れの中で、新しい学習指導要領では「主体的な学び」が提唱されました。とはいえ、子供の「主体性」は教科の学びの中だけで育まれるものではありません。日々の学級活動、学校行事、そして教師と子供たちとの交流なども含め、教育活動全体を通じて育まれていくものです。

　二つ目は、子供たちに「多様な他者と協働していく力」を養うことです。

　今の日本社会は、10年前、20年前とは比べ物にならないほど多様化しています。自分が受け持つクラスに、外国籍の家庭の子供がいるという教師も多いことでしょう。また、現在の学校では、発達に特性のある子供への対応も求められています。こうした流れも含め、これからの時代の学級集団はますます、多様なバックボーンを持つ子供たちで構成されるよう

になっていくはずです。

　実社会に目を向けても、多様化は進んでいます。企業の中には、多様な国籍の人たちが国境を超えて集い、互いに連携しながらビジネスを展開している所も少なくありません。今後、オンライン化やテレワーク化が進む中で、そうした傾向がさらに強まっていく可能性もあります。

　すなわち、これからの時代を生きる子供たちには、多様な価値観・文化・背景と触れ合い、対話を重ねながら合意形成を図っていく力が求められています。そうした背景も含め、新しい学習指導要領では「対話的な学び」が提唱されたわけです。この力も、教科指導だけでなく、生活指導も含めて育んでいくべきものだと言えます。

　つまり、これからの時代の学級経営は、たとえ子供たちが教師の言うことにきちんと従い、完璧に統率が取れていたとしても、活動が受け身で相互理解が図られていないようでは意味がありません。目指すべきは、子供たちがやりたいことを次から次へと提案し、友達と意見交換をしながら、主体的に計画・実行していくような学級です。そうした学級経営こそが、「予測不可能な社会」をたくましく生きていく子供たちを育てるのです。

　本書「はじめて受け持つ小学校１年生の学級経営」は、そうした学級経営を実践するための知恵やアイデアを詰め込んだ実用書です。１〜６年生版の全６冊シリーズで構成され、それぞれの学年の発達段階を踏まえ、効果的な学級経営のやり方等が解説されています。全６冊とも全て、４月の「始業式（入学式）」から始まり、３月の「修了式（卒業式）」で終わる時系列構成になっているので、その時々でご活用いただけます。難しいことは抜きにして、すぐに使えるネタや小技、工夫が満載なので、「学級経営に悩んでいる」という先生や「初めて○年生を受け持つ」という先生は、ぜひ手に取ってみてください。

2021年3月

小川　拓

contents

02 ………… はじめに 新しい時代の学級経営とは

07 ………… PART 1 学級経営の基本

08 ………… 1 絶対に失敗しない学級経営

12 ………… 2 1年生担任の押さえておきたいポイント

15 ………… PART 2 4月上旬〜中旬の学級経営

16 ………… 1 入学式

20 ………… 2 学級開き

24 ………… 3 最初の1週間の指導（スタートカリキュラム）

24 ……… 「笑顔」の1日目
26 ……… 「褒める」2日目
28 ……… 「話そう」3日目
30 ……… 「遊ぼう」4日目
31 ……… 「見守る」5日目

32 ………… 4 朝の会

34 ………… 5 帰りの会

36 ………… 6 授業開きと教科指導の基本

38 ……… 生活科を柱とした初期段階の授業構成 ―教科横断的な視点を含めて―
40 ……… 国語の授業開き ―「子供発信」を重視―
42 ……… 算数の授業開き ―なかまづくりとかず―
44 ……… 道徳科の授業開き ―がんばっている人は？―

46 ………… 7 学級目標を立てる

50 ………… 8 係・当番活動

56 ………… 9 学級会

62 ………… 10 給食指導

66 ………… 11 清掃指導

71 **PART 3** 4月中旬～1学期末の学級経営

72 **1** 授業参観

76 **2** 保護者懇談会（4月）

80 **3** 保護者懇談会（6月）

82 **4** 1学期終業式

85 **PART 4** 2～3学期の学級経営

86 **1** 2学期始業式

88 **2** 感染症予防

90 **3** 2学期末～3学期始めの配慮と工夫

92 **4** 学年最後の学級活動

94 **5** 修了式

97 **PART 5** いつでも使える！
学級経営の小ネタ＆小技

98 **1** 子供の主体性を伸ばす小ネタ＆小技

100 **2** 子供の協調性を伸ばす小ネタ＆小技

102 **3** 外部の人との連携の小ネタ＆小技

104 **4** 学習評価・通知表の小ネタ＆小技

106 **5** 保護者対応の小ネタ＆小技

108 **6** 提出物処理の小ネタ＆小技

110 **おわりに** 教師と子供たちの明るい未来に向けて

イラスト　後藤 美穂

PART
1

学級経営の
基本

　最高のクラスをつくるために、まずは学級経営の
基本を確認しましょう。このPARTでは、絶対に失
敗しない学級経営の法則、1年生の担任として押さ
えておきたい発達段階・道徳性などを解説していき
ます。

1 絶対に失敗しない学級経営
―「3つの法則」でより良い学級経営を―

1. 人間関係が良ければ成長する法則

　皆さんは新しい学級を担任したら、どのようなクラスをつくりたいでしょうか。「やさしいクラス」「楽しいクラス」「素敵なクラス」等、きっといろいろな思いがあることでしょう。そうしたクラスをつくるために、何を一番に考えて指導していく必要があるでしょうか。それは、ズバリ**「人間関係」**です。特に小学校の担任は、学級の中の人間関係をより良くするための指導ができなければ、つくりたいクラスはつくれません。

　皆さんは、**「人間関係を崩した」**ことがありますか？

　もう少し、具体的に言うと、「仲間はずれにされたことがありますか？」「特定の人と組織（学級を含む）内で口も聞かないくらい気まずい関係になったことがありますか？」教師になるまでの間でも、一度くらいは経験がある人も多いでしょう。その時、どんな気分だったでしょう。人間関係が苦で、何も手につかなかったのではないでしょうか。

　人間関係が良くなければ、人は何もやる気が起きなくなってしまいます。右の図はアルダファーのERG理論のピラミットです。このピラミッドのように、「生存欲求」が満たされると、人は「関係欲求」を満たそうとします。「関係欲求」が満たされると自分の成長を満たしたくなるのです。極端な話、人間関係さえより良くできれば、人は勝手に成長していくのです。それは勉強だけに限りません。スポーツや趣味も同じで、自分を伸ばそうと努力を始めるのです。

つらくて、何も手につかないし夜も眠れない…。

アルダファーERG理論

（ピラミッド上から）成長欲求／関係欲求／生存欲求

英会話を始めたいな！毎日、体力づくりで、ランニングしよう！勉強もがんばろう！！

　このことからも、その学年に応じた学級経営を行いながら、人間関係のことも考えながら、学級経営を進めていく必要があります。

2.　褒めることで信頼関係が深まる法則

　人は信頼している人の言うことしか聞きません。威圧的な教師や上司の言うことを聞く場合もありますが、それは心の底から話を聞き、態度に表しているのではなく、怖いからやるのであって能動的な行動ではありません。そのような状況下では、大きな成長や創造的な考えは生まれないでしょう。

　それでは、子供たちはどのような人を信頼するのでしょうか。それは簡単です。褒めてくれる人のことを信頼するのです。言い換えれば、褒めてくれる人の言うことを聞くのです。心の底からという言葉を付け加えるのであれば、褒める人の言うことしか、「心の底」から聞きません。

　より良い信頼関係を築くためには、どのように褒めていけばよいのでしょうか。人間は、人の悪い所はよく目につくものです。気を付けていなくても悪い所やいけない行為は気になります。その部分について指摘するのは簡単です。一方で、褒めるという行為は、常に対象となる子供たちを褒めてあげようという気持ちがなければ、褒めることはできません。そうしなければ、気付かないで流れてしまうのです。

　人を褒めるときには、「褒めるという自分のスイッチを入れ、スイッチをオンのまま壊す位の気持ちが必要だ」と考えます。「褒めてあげよう！褒めてあげよう！」という気持ちを常に持たなければ、子供を褒めることはできないのです。

　それでは、褒める際にはどこに気を付ければよいのでしょうか。以下、「褒め方10か条」を紹介します。

```
┌─────────────────────────────────────────────┐
│              褒め方10か条                      │
├─────────────────────────────────────────────┤
│  1. 小さなことでも進んで褒める。              │
│  2. タイミング良く素早い反応で褒める。        │
│  3. 三度褒め、言葉を惜しまない。              │
│  4. 事実を具体的に褒める。                    │
│  5. 成果だけでなく、過程や努力を見逃がさない。│
│  6. 次の課題や改善点を見いだしながら褒める。  │
│  7. 言葉だけでなく、体全体で褒める。          │
│  8. スポットライトで映し出して褒める。        │
│  9. 褒めることを途中でやめない。              │
│ 10. しんみりと成果を味わって褒める。          │
└─────────────────────────────────────────────┘
```

3.「きまり」の徹底が学級をより良くする法則

　学校や学級には大きな「きまり」から小さな「きまり」まで、さまざまなものがあります。大きな「きまり」は事故につながったり、人命に関わったりするようなこと、あるいは一人一人の人権に関わるようなことなどが挙げられます。これらの「きまり」は、子供が考えて決めるものではありません。生徒指導に加え、全教科・領域の中で行う道徳教育等を通して、指導の徹底を図っていく必要があります。

　大きな「きまり」ではない小さな「きまり」については、学級の中で決めていくことが大事です。低学年であれば、ある程度は担任が決めてあげる必要もあるでしょうが、なるべく子供同士が話し合いながら決めていくことが望ましいでしょう。

　教室の中には、目に「見えないきまり」がたくさんあるのです。掲示してあるような「きまり」がある一方で、掲示するほどではない「きまり」もたくさんあるのです。例えば、「机の上の教科書、ノート、筆記用具の配置」「自分の上着などをかけるフックのかけ方や使い方」「忘れ物をしたときの報告の仕方やその後の対応」「給食のときの並び方や片付けの仕方」「掃除の始め方や終わり方」「授業のときの挙手の仕方のきまり」等々です。これらの「きまり」を「見えないきまり」と呼びます。そうした「きまり」は、自分たちの生活をより良くすることを目指して子供たちと話し合いながら決め、大きな「きまり」については学校や教師からしっかりと伝えていくことが大事です。

（1）「見えないきまり」の作り方は？

　「見えないきまり」をどうやって作るかというと、良い行いをしている子を「褒める」ことで作っていきます。教室に入ってきたときに、しっかりとあいさつをした子を褒めれば、

「先生が教室に入ってきたときにはあいさつをする」というルールが出来上がります。始業式の日にあいさつについて褒める（指導する）ことができなければ、子供たちは「あいさつはしなくてよいものだ」と思ってしまいます。

　机の上の整理がしっかりとできている子を褒めれば、自分も褒められたいがために、真似をする子も出てきます。その様子を褒めれば、小さな「きまり」は定着していきます。そしてその次の時間、また翌日…といった具合に、整理整頓等ができている子を見逃さずに褒めていければ、クラス全体に浸透していくことでしょう。これは強制的なきまりではなく、子供たちが自ら進んで行う「きまり」にもなっていきます。

（2）全体に関わる「きまり」を決めるときは全体で！

　休み時間などに、子供たちがこのように問い掛けてくることがあります。

　「明日の図工の授業に、○○を持って来ていいですか？」

　この時、即答してはいけません。細かい質問に一人一人対応していくと、後で「聞いた」「聞いていない」「あの子は許可されて、自分は許可されていない」など、人間関係を崩す要因になります。全体に関わる「きまり」の場合には、学級全体に投げ掛けることが大事です。学年の場合も同様で、自分のクラスだけ特別なものを持参していたり、特別な行為をやってよかったりすると、クラス間の人間関係も崩れます。全体に関わる「きまり」については即答を避け、クラス全体・学年全体で話し合い、方向性を決める必要があります。「きまり」を大切にするクラスは、学級経営に秩序と安心感を生み出し、より良い学び舎となるのです。

（3）その他「どうせ張るなら」こんな「きまり」

　できていないことを張り出しても効果はありません。前向きになる掲示を心掛け、積極的な生徒指導をしていくことが大切です。常に前向きな言葉掛けで、子供を育てましょう。

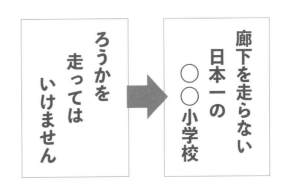

1年生担任の押さえておきたいポイント
ー発達段階と道徳性の理解ー

1. 1年生の体と心の発達

　小学1年生はまだ幼児体形が残り、中には足の筋力が発達しておらず、逆ハの字のように歩く（走る）子供もいます。しかし、他の子供たちと遊ぶことによって活動量が増え、急速に手や足の筋力が発達していきます。入学当初から元気で活発、運動の能力の高い子供もいますが、思考力・判断力が伴わず、無理な遊びや速度制御がきかずにけがを負ってしまうことも多いので、配慮が必要です。

　保護者と別れる不安から、学校に入ることに抵抗を感じる子供も少なくありません。その意味でも、楽しく安心できる雰囲気づくりが大切です。子供が不安そうにしているときに、担任が動揺したり、不安な表情を見せたりすると、他の子供にも連鎖します。「よくあること！」という大らかな気持ちで、適切に指導をしていきましょう。また、保護者と連携を取りながら指導を進めていくことも大切です。自立してるように見える子供もいますが、全員が甘えん坊で、愛情を求めています。

2. 1年生の興味・関心

　子供は、教師（大人）のやっていることに興味・関心を示します。授業以外のことでも「どうして？」「なんで？」と尋ねてきます。次々と質問が飛んできて、一人一人に対応するのが難しいこともあるでしょう。小学校には、家庭や幼稚園・保育園にはない物もたくさん存在するからです。担任一人の力では対応できないようであれば、「学校探検」等の活動で6年生の力を借りながら、一気に解決させてしまってもよいでしょう。

　1年生は、想像力が豊かです。授業中に鉛筆で人形遊びをするような子供もいれば、アニメのキャラクターになりきる子、国語の文学作品の登場人物に感情移入する子、教室で飼っている金魚に話し掛ける子などもいます。子供の心を傷付けないように、この貴重な発達成長期の指導をしていきましょう。

　1年生の子供は、興味を持った遊びを繰り返し行います。自由帳に何ページも同じキャラ

クターを描いたり、同じ遊具で毎日遊んだりといった具合にです。大人からすれば、「他のことをやればいいのに」と感じたりすることもありますが、子供はこのような活動を通じて集中力を鍛えたり、さまざまな感覚を高めたりしていきます。時間に余裕があるなら、子供が集中しているときは、学校でも家庭でも放っておくのが一番です。

3. 1年生の社会性や道徳性

　1年生の子供は自己中心的な部分が多く、「自分だけを見て」という態度を取るケースも少なくありません。そのため、生活科を中心としながら、集団行動を含め学校生活に慣れさせていくことが必要です。「一人でできる！」と言いながら、失敗したり、途中で投げ出したりすることもあります。自立を促すためにも、全てにおいて適切な支援が必要です。

　善悪の判断は、「身近な大人」の影響力が大きく働きます。学校では「担任、教師」ということになるでしょう。「高学年」の影響も大きいものがあります。担任自身が模範となる行為を心掛けることが大切です。子供の前では、率先してルールを守っていることをアピールしましょう。他学年の教師との連携も重要です。

4. 1年生の指導に当たって

　教師が子供の「模範」となることができれば、保護者から「私の言うことは聞かないけど、先生の言うことは聞く」との声が届くこともあります。そんな「模範的な大人」から褒められれば、子供は喜びますので、良い行いをどんどん褒めてあげましょう。生徒指導、生活指導、学習指導の全てにおいて、子供は教師が褒めたことを「正しい」と思うのです。

　中には、学習の準備、机やロッカーの整理整頓が苦手な子供もいます。口で言うのは簡単ですが、それでは定着しません。できないことは、教師がその子供のロッカーを整理整頓してあげ、それを元通りに戻し、再びやらせてみて、「よくできたね～！！」と褒めてあげるような指導が大切です。手間が掛かりますが、それが一番の近道です。きれいにできたロッカー等の様子を写真に撮って、「記念」と言ってロッカーに貼ってあげてください。視覚から訴えることで、整理整頓が上手になります。これは、学級指導でも同じです。

1年生の指導の まとめ POINT

● 教師自身が不安な表情を見せない
● 子供が集中しているときは、時間が許す限り、放っておく
● 子供の良い行いをどんどん褒める

4月上旬〜中旬の
学級経営

　1年間のうちで最も大切だと言われるのが、年度当初の学級経営です。このPARTでは、学級が最高のスタートを切るために、4月上旬〜中旬にすべきことなどを具体的に解説していきます。

入学式
－素敵な出会いにするために－

1. 入学式以前にしておくこと

　保育園や幼稚園から入学してくる子供には、集団での活動の聞き取りをします。保護者の希望があれば、保護者からも子供の特性を聞きます。集団と個の違いを知ることで、入学してからの支援につながります。

　また、合理的配慮が必要な子供は、事前に保護者や子供に学校へ来てもらい、入学式の場所や教室を見てもらうこともあります。そうすることで、子供や保護者が安心して入学式を迎えられます。

2. 入学式当日の動き

　入学式当日の具体的な動きは次の通りです。

【1年生と保護者】

①教室に行き、子供の座席を確かめます。

②持ってきたランドセルや荷物をロッカーにしまいます。

③保護者は会場に移動します。

④子供たちはトイレに行くなどした後、教室で座って待ちます。

【手伝いの上級生】

①1年生に座席やロッカーを教えます。

②1年生をトイレに連れて行くなど手伝います。

【担任】

①教室で1年生の子供と保護者を迎えます。

②手伝いの子供と一緒に、1年生に席やランドセルロッカー等を教えます。

③1年生は正装をしているので、必要に応じてトイレの手伝いをします。

④トイレ前に手拭きペーパーを用意しておきます。

⑤入学式場に移動する前には必ず1年生をトイレに行かせます。

3. 入学式の途中

その後、体育館等へ移動して入学式が始まったら、子供たちの様子を注意深く見守る必要があります。見守るポイントとしては、以下のようなものが挙げられます。

- 具合の悪い子供や泣いている子供はいないか
- トイレに行きたい様子の子供はいないか
- 落ち着いて座ってられているか

4. 教室に戻った後

入学式が終わって教室に戻ったら、まずはトイレに行かせましょう。その後は、（1）あいさつ → （2）健康観察 → （3）先生の名前・クラスの紹介 → （4）子供たちへの話 → （5）保護者への話の流れで進めていきます。

（1）あいさつ

担任から子供たちと保護者へのあいさつで、特に注意しておくべきポイントは以下の三つです。

①保護者とは初めて会うので、明るく爽やかに笑顔で話す。
②話が長くならないよう、コンパクトに話す。
③自己紹介では、これから1年間がんばろうという気持ちを伝える。

以下に、あいさつと自己紹介の例を示します。

　　ご入学おめでとうございます。今年度1年○組の担任になりました○○です。本日から皆様のお子様を○○小学校でお預かりいたします。お会いできることをとても楽しみにしていました。

　　私は子供が大好きで、教師になって○年目になります。子供たちが喜んで学校に来られるように一生懸命がんばります。どうぞよろしくお願いいたします。

（2）健康観察

続いては健康観察です。気を付けておきたいポイントは次の通りです。

●健康観察に入る前に、返事の仕方を2～3回練習する。
●一人一人の名前を間違えずに丁寧に呼ぶ（事前にしっかりと確認をしておくことが大切）。
●返事の声が小さい場合にやり直すという指導はやめる。
●最後に皆を褒めてあげる。

以下に、健康観察に入るまでの講話例を示します。

　これから皆さんの名前を呼びます。呼ばれたら大きな声で返事をしてください。まずは、一緒に練習しましょう。右手をまっすぐに挙げます。耳に手を付けるとかっこいいですよ。先生のまねをしてください。はい、元気です！（子供たち「はい、元気です！」）。いいですね。もう一度いきますよ。はい、元気です！（子供たち「はい、元気です！」）。とても元気良く返事ができましたね。それでは順番に名前を呼びます。

（3）担任の名前・クラスの紹介

　続いて、担任自身が自分の名前を黒板に書いて紹介し、クラスが「1年○組」だということを伝えて覚えてもらいます。その際に気を付けたいポイントは、次の通りです。

●自分の名前を黒板に書く際は丁寧になるべくきれいな字で書く（緊張する人は最初に書いておいてもよい）。
●廊下に「1年○組」のクラス表示がある場合は、指し示して「ここに書いてあるから見てね」と教える。

以下に、先生の名前・クラスの紹介の講話例を示します。

　次は先生の名前を言います。先生の名前は「○○先生」です。クラスは「1年○組」です。皆で言ってください。先生の名前は？（子供たち「○○先生！」）何年何組ですか？（子供たち「1年○組です。」）あそこに書いていますからね。覚えておいてください。それではもう一度、何年何組ですか？（子供たち「1年○組です。」）はい。上手に言えました。先生の名前とクラスを覚えておくと迷子になりませんよ。

（4）子供たちへの話

　続いては、子供たちに向けて、担任としての話をします。ここで注意しておきたいポイン

トは次の通りです。

●入学式の様子を褒める。
●楽しいことをたくさん話し、「明日も学校に来たい」と子供たちに思わせる。

以下に、子供たちへの話の講話例を示します。

　皆さん今日は楽しかったですか。校長先生のお話をよく聞いていましたね。えらかったですね。明日からは家の近くのお兄ちゃんやお姉ちゃんたちと学校に来ます。仲良く来てくださいね。
　学校は楽しいですよ。校庭が広いですよ。勉強も楽しいですよ。給食もおいしいですよ。先生もたくさんいます。困ったことがあったら誰にでも言ってください。みんな優しく教えてくれます。安心して学校に来てくださいね。

（5）保護者への話

　最後は保護者への話です。ここで気を付けておきたいポイントは、次の通りです。

●困ったことや不安なことがあったら、何でも気軽に相談してほしいという意思を伝える。
●学校と家庭が手を取り合いながら、子供を育ていく姿勢を示す。

以下に、保護者への話の講話例を示します。

　今、子供たちに話した通り、小学校生活が始まりました。楽しいことがたくさんあります。いろいろなことを経験させたいと考えています。分からないことや不安なことがありましたら、どうぞ気軽にご連絡ください。家庭と学校が協力してお子様を育てていきましょう。1年間よろしくお願いいたします。

　机の上の教科書やお手紙は、ランドセルにしまってお持ち帰りください。なお、不足の物がありましたら連絡帳にてお知らせください。
　本日はありがとうございました。

2 学級開き
ー学校って楽しいところだよー

1. 1年生にとっての学級開き

　1年生の学級開きは、子供たちにとってこれからの学校生活が「楽しそう！」「がんばれそう！」と、期待や希望を持てるようにしたいものです。同時に黄金の3日間（1週間）などと言われることもあるように、担任の思いを伝え、守らせたい学級のルールを浸透させていく上でも大切なものです。

　どの学年の子供たちも始業式はワクワク・ドキドキするものですが、1年生にとっては学校自体が初めてです。また、入学式当日の学級開きは、保護者もいます。子供と保護者に安心してもらえるような学級開きを行っていきましょう。「入学式」の項目でも解説しましたが、ここでは別パターンも加えながら、もう少し詳しく学級開きのやり方を紹介していきます。

　1年生の教室づくりや事務的な仕事（教科書等の配付物や掲示の名簿などの準備）は、入学式準備とあわせて、職員や新6年生と一緒に学校全体で行われることが少なくありません。①入学式の流れの確認、②配付物の確認、③子供たちの名前の確認の三つは、抜かりなく行っておきましょう。

2. 入学式後の学級開き

（1）クイズで楽しくスタート

　ご入学おめでとうございます。先生の名前を覚えていますか？（子供「○○先生！」の声）もう覚えてくれたのですか！うれしいです。私の名前は、○○○○と言います（黒板に板書、もしくはあらかじめ紙に書いておいたものを張る）。○○先生は、皆さんが入学してくるのをワクワクしながら待っていました。今日は、皆さんと会えて本当にうれしいです。

　このように話をした後、学校名、クラスも同じように聞いていき、「素晴らしい！大きな声で言えましたね！」「すごい！みんなの声もぴったり合っています。もう仲良しクラスですね！」などと言い、良かったところを褒めていくとよいでしょう。

（2）一人一人名前を呼び、声を掛ける

> 次は、先生が皆さん一人一人の名前を呼びますので、呼ばれたら大きな返事をして、手を挙げてください。△△さん（その子から「はい！」）。手がまっすぐ挙っていて、どこにいるかすぐに分かりました。上手な見本を見せてくれましたね。

初めの子は、とりわけ緊張しています。がんばりを褒めましょう。
「元気いっぱいですね」「明るい声ですね」「良い姿勢ですね」「素敵な笑顔ですね」「先生の目をしっかり見て言えましたね」といった具合に一人一人に声を掛け、良いところを褒めていきます。すると、良い返事の仕方、手の挙げ方が自然と身に付いていきます。

（3）保護者へ向けて

> 保護者の皆様、本日はお子様のご入学おめでとうございます。1年2組の担任をさせていただきます○○○○です。一人一人の良さを認め合い、伸ばしていけるクラスを目指していきたいと思います。何か分からないことや心配なことがありましたらいつでもご相談ください。学校と家庭と力を合わせて、お子様の成長を見守っていきたいと思います。どうぞよろしくお願いします。

保護者も期待と不安で入学式の日を迎えています。信頼感、安心感を持ってもらえるように、どんなクラスを目指しているかを簡潔に、落ち着いた口調で話しましょう。

（4）明日が楽しみになるようなメッセージ

> 学校はとても楽しいところです。今日からみんなで仲良く勉強したり、遊んだりしましょう。明日も元気に皆さんに会えるのを楽しみにしています。

出会いの黒板

絵や飾りは
新6年生や職員と
一緒に作ること
が多い

学校名
学級
担任名

3．入学2日目の学級開き

　入学式当日は、保護者も一緒なので連絡事項もたくさんあり、学級開きとして割ける時間はわずかです。子供たちも、学校、学級、担任の名前を覚えることで精一杯です。2日目も「学級開き」の気持ちで準備し、子供たちが安心して笑顔で過ごせるようにしましょう。

（1）担任の名前を呼んでもらう

　今日も名前を呼ばれたら、元気に返事をしてください。返事をしたら、先生の名前も呼んでください。先生もみんなに負けないくらい元気な返事をします。

担任「△△さん」
子供「はい！○○先生」
担任「はい！」

呼び掛けに教師が応えると、子供はとてもうれしそうな顔をします。

（2）自己紹介をする

　先生の名前を皆さんがしっかり覚えてくれたので、先生のことをもっと知ってほしくなりました。そこで、先生の好きなものを三つ紹介します。一つ目は絵本です。皆さんと一緒にたくさん本を読んでいきたいと思います。二つ目は唐揚げです。給食で唐揚げが出たときには、とても喜びます。三つ目は皆さんの笑顔です。皆さんが楽しく笑顔で学校に来てくれることが、先生はとてもうれしいです。

　自分の名前を「あいうえお作文」にしたり、好きなものをイラストに描いたりすると楽しい雰囲気になります。先生の自己紹介を見本にして、子供たちに好きなもの（一つでも可）を含めた自己紹介をさせてみましょう。

（3）学校ってどんなところ？ー学級で大切にしたいことー

　皆さんが笑顔になるために、学校では三つの勉強をします。それでは、手を挙げてください。その手を頭の上にのせます。一つ目の勉強は、頭を使う『かしこさ』の勉強です。字を書いたり計算したり、考えたりします。今、先生の方を見てしっ

かり話を聞けているということは、『かしこさ』の勉強がよくできている証拠です。次は、その手を胸に当てます。二つ目は、心を育てる『やさしさ』の勉強です。友達にやさしくすると心はどんどん育ちます。友達に意地悪をしたり、体や心を傷付けたりすることは、先生は絶対に許しません。

　最後に、そっと膝に手を置きましょう。体を支える足がありますね。三つ目の勉強は『たくましさ』の勉強です。遊んだり、走ったりして元気な体をつくります。学校は、失敗してもいいところです。難しくてもできなくても一生懸命チャレンジしましょう。先生も友達もみんなが応援します。

（4）温かい気持ちでクラスに一体感を

　手遊びや歌などみんなでできる遊びをすると、一体感のある温かさで教室が包まれます。子供たちが大好きな絵本や紙芝居の読み聞かせもお勧めです。以下に、お勧めの絵本や手遊びを紹介します。

絵本	●『しょうがっこうがだいすき』(うい作　えがしらみちこ絵　学研プラス) 小学校が好きなる優しいアドバイスが詰まっています。
	●『ねこのピート　はじめてのがっこう』 （エリック・リトウィン作　ジェームス・ディーン絵　大友剛訳　長谷川義史文字画　ひさかたチャイルド） ノリノリな歌もあるので、みんなで一緒に歌うと盛り上がります。
	● 絵本『しょうがっこうへいこう』(斎藤洋作　田中六大絵　講談社) クイズや迷路、間違い探しなど、遊びながら小学校の1日を楽しく学べます。

手遊び	●『とんとんとんとんひげじいさん』 　2回目は、ひげじいさんのひげが「ボサ」と落ちたり、こぶじいさんのこぶが「ポロ」と落ちたり、効果音をつけてやってみましょう。てんぐさんの鼻が折れる音やめがねがずれる音を子供たちと一緒に考えても楽しいです。
	●『おちたおちた』 　りんごやげんこつ、かみなりなど3種類くらいで遊んだ後、落ちるものに合わせて子供たちと一緒にジェスチャーを考えてみると盛り上がります。

　手遊びは、やったことがある子供も多いですが、遊びながらオリジナルを作るなど子供参加型にすると、子供は「新しくつくっていいんだ」「考えたことを言っていいんだ」と思うようになります。「今のアイデア、とっても面白いね」「みんなで楽しくなる遊びを考えられたね」などと声を掛け、みんなで作り上げる面白さを味わえるようにしましょう。

3 最初の1週間の指導（スタートカリキュラム）
－1日ごとの指導ポイントを押さえる－

「笑顔」の1日目

1. 1日目の大まかな流れ

「1日目」は、入学式の次の日を指します。先生は教室で子供たちを迎えましょう。そして元気に「おはようございます！」とあいさつをしましょう。そして1日、笑顔でいるように心掛けましょう。

前の日が入学式だったので、子供たちは少し疲れています。慣れない環境で、心配しているかもしれません。教室に入れず下駄箱で泣いている子もいるかもしれません。そうした場合は、やさしく声を掛けて対応しましょう。教室に入ってきたときの子供一人一人の表情を必ず見ましょう。今日は学校に来たことをたくさん褒めてあげましょう。朝の会では、一人一人に話し掛けるような感じで話しましょう。「昨日は早く寝ましたか？朝ごはんは食べてきましたか？」など、前日のことや今朝のことなど、いろいろな話をしてください。

1日目の流れを以下に示します。

朝の会まで	・登校したときの子供の顔を見て、様子を確かめます。 ・学習用具を机の中に入れ、ランドセルをロッカーにしまうように伝えます。 ・提出物や連絡帳を集めます。　・トイレに行かせます。
	・健康観察　・1日の予定を連絡　・担任とのお話　・絵本の読み聞かせ

	教科	学習内容
1	音楽	「うたでなかよしになろう」（手遊び・好きな歌・校歌）
	国語	学習の準備の仕方 国語の教科書を見る　●机の上に何をどこに置くか基本の形を教えます。
2	生活	廊下の歩き方 トイレの使い方 傘立ての使い方（雨の心配があるので早めに）
3	学活	帰りの用意 下校グループで並ぶ

子供たちを学校生活に慣れさせるために、登校→朝の会→音楽の流れは1週間同じにします。

　健康観察は、名前を呼んだ後、「はい、元気です！」から始めます。体調を言わせるのはもう少し慣れてきてからでよいでしょう。返事のときに好きなものを言わせると、聞いている子供たちは楽しかったり、自分と同じ子がいるとうれしくなったりします。また、友達の話を聞いてくれるようになります。

　朝の会で、その日の予定を話しておくと、子供たちは「何時になったら帰れる」と見通しがつくので、一日がんばることができます。

　音楽は保育園や幼稚園で歌った歌や手遊びから始めましょう。緊張もほぐれてきます。子供が先生になり、みんなに教えてあげてもよいでしょう。

2.　生活科で学校生活のルールを学ぶ

　学校生活のルールは、生活科の授業を通じて学ばせていきます。具体的に、以下のようなものが挙げられます。

廊下の歩き方

- 廊下は右側を静かに歩く。
- うるさいと他のクラスに迷惑になることを知る。

トイレの使い方

- 最近は洋式も多いですが、和式トイレもあるので、使い方の指導をしましょう。
- 男子が個室に入ると冷やかす子がいます。ウンチをすることは当たり前のことだと話し、いつでも行けるようにしましょう。

傘立ての使い方

- 傘を入れる場所を教えます。名前や番号を書くと分かりやすくなります。
- 傘をしまうときは、まるめてボタンでとめることを教えます。危険防止と壊れるのを防ぐためです。

「褒める」2日目

1. 2日目の大まかな流れ

　2日目は、前の日と比べて少しでもよくできたところをオーバーに褒めましょう。また、授業の中では全体を褒めることに加えて、一人一人を見て気付いた良いところを褒めることも大切です。

　2日目の流れを以下に示します。

> この流れは1日目と同じ

朝の会まで	・登校したときの子供の顔を見て、様子を確かめます。 ・学習用具を机の中に入れ、ランドセルをロッカーにしまうように伝えます。 ・提出物や連絡帳を集めます。　　・トイレに行かせます。 ・健康観察「はい、元気です。好きな色は〇〇です。」 ・1日の予定を連絡　・担任とのお話　・絵本の読み聞かせ

	教科	学習内容
1	音楽	「うたでなかよしになろう」 （手遊び・好きな歌・校歌）
	国語	鉛筆の持ち方・運筆練習 「おはなしたのしいな」
2	生活	良い姿勢の立ち方、座り方 下駄箱の使い方
	体育	体育着に着替える 校庭に出て遊ぶ（おにごっこ）
3	学活	帰りの用意 下校グループで並ぶ

《手遊び》

●お弁当の歌
●茶壺
●むすんでひらいて
●とんとんとんとん
　ひげじいさん
　（あんぱんまん）
●おちた、おちた
●お寺の和尚さん　など

　「返事が上手ですね（だね）」「背中が伸びていて良い姿勢ですね（だね）」「洋服のたたみ方が上手ですね（だね）」などと、気付いたことは具体的にたくさん褒めてください。照れずにはっきりと言ってあげることが大切です。1年生はとっても喜び、次の活動に意欲を持って取り組めるようになります。

　朝の会で、時間があったら絵本を読んであげましょう。声色を変えたり抑揚をつけたりして読むとよく聞いてくれます。

2. 生活科で学校生活のルールを学ぶ

1日目に続き、2日目も生活科で学校生活のルールを学びます。この日は、下駄箱の使い方について指導します。

下駄箱の使い方

● 下駄箱には名前を書いておきます。名前シールでも構いません。
● くつを名前の上に置くか下に置くかは、間違えやすいので分かりやすく説明します。
● くつのかかとをどこに合わせるかを教えると、きれいにそろいます。
● 下駄箱は混雑するので、順序よく並び、押さないように言います。
● 慣れるまでは先生が付き添い、注意して見守ります。

---

3. 体育着の着替え方

体育の時間では、着替えの仕方を指導します。最初ですから、多少時間はかかりますが、じっくりと待つことが大切です。

● 体育着袋を机の上に置きます。
● ズボンやスカートを履き替えます。
● 上着を着替えます。
● 体育着はズボンの中にしまいます。
● 紅白帽子をかぶります。
● 脱いだ洋服をたたみ、体育着袋にしまいます。

---

4. 安全対策

事故は突然予期しないところで起きます。紙で手を切ったり、ぶつかって転んだりと、学校生活には危険がたくさんあります。先生は常に安全を意識して、子供たちの行動を見守りましょう。特に注意すべきポイントとして、以下のようなものがあります。

【校舎内】●廊下や階段　●下駄箱周辺　●トイレ
【校　庭】●遊具（鉄棒、雲梯、ジャングルジム、のぼり棒）　●花壇
【教　室】●机・いす　●ロッカー　●流し（手洗い場）
　　　　　●文房具（鉛筆、はさみ、紙、セロハンテープ等）

「話そう」3日目

1. 3日目の大まかな流れ

　3日目は、一人一人をよく見ましょう。2日目に声を掛けていない子供がいたら、その子から話し掛けましょう。どんなことでもいいので、声を掛けることが大切です。

　3日目の流れを以下に示します。

> この流れはこれまでと同じ

朝の会まで	・登校したときの子供の顔を見て、様子を確かめます。 ・学習用具を机の中に入れ、ランドセルをロッカーにしまうように伝えます。 ・提出物や連絡帳を集めます。　　・トイレに行かせます。 ・健康観察「はい、元気です。好きな食べ物は〇〇です。」 ・1日の予定を連絡　・担任とのお話　・絵本の読み聞かせ

	教科	学習内容
1	音楽	「うたでなかよしになろう」（手遊び・好きな歌・校歌）
	国語	「おはなしたのしいな」・運筆練習
2	生活	友達と仲良くしよう
	体育	体育の並び方
3	算数	「なかまづくり」
4	学活	給食の話・準備・給食
5	図工	「すきなものいっぱい」

> ●校庭で「前へならえ」「なおれ」を教え、並ぶ練習をします。
>
> ●走って、遊んで、並ぶようにすると飽きずにできます。

　お話が好きな子供は、登校するとすぐに教師の近くに来て、前の日に見たテレビの話や家族のことなど何でも話してくれるので、家庭での様子が手に取るように分かります。そんな子供には、「そうなの。よかったね」とあいづちを打ちながら話を聞きましょう。

　遠くから見ている子供には、教師から近寄り「おはよう、今日は何時に起きたの？」「青い洋服かっこいいね」などと声を掛けましょう。本当は教師の近くで話したいと思っているかもしれませんし、友達や教師に慣れていないから遠慮しているのかもしれません。返事が返ってこない場合は無理に聞き出そうとはせず、心の中で話していると思いましょう。

2．大切な3つの基本的生活習慣

　小学校1年生から養いたい基本的生活習慣は、次の三つです。

（1）早寝・早起き・朝ごはん

　全国的な運動にもなっている「早寝・早起き・朝ごはん」を定着させるために、次のように指導します。

> ●睡眠をしっかりとる（1年生は9時間以上）
> ●早起きをする（体と頭が働くのは起きてから3時間後）
> ●朝ごはんをしっかりと食べる（元気が出る）

（2）忘れ物をしない

　「忘れ物をしない」という生活習慣は、1年生のうちから定着させたいことの一つです。そのために、次のような方策があります。

> ●学校から通信を出したり、連絡帳に書いたりする（初めは文字が書けないので通信で知らせる）。
> ●連絡袋（手紙を入れる物）は必ず保護者に渡すよう子供に伝える。渡すことができたら褒める。
> ●子供はすぐにできるようにはならないので、根気よく何回も話す。スタンプやシール等を使うと励みになる。
> ●学校の準備は保護者と一緒にするようにお願いする。慣れてきたら、手は出さず見守ってもらう。
> ●忘れ物は連絡帳に書いて保護者に知らせ、状況を理解してもらう。

（3）整理整頓をする

　整理整頓の習慣を身に付けるためには、次のような方策があります。

> ●机の中に何を入れるか、写真などを黒板に貼っておく。
> ●1週間に1度は、机の中を掃除してから帰るように指導する。
> ●机の中に入れる物を決め、それ以外はロッカー等にしまうように指導する。
> ●「自分の物は自分で片付ける」という習慣を身に付けさせるよう保護者に伝える。
> ●持ち物にはすべて記名をしてもらうよう保護者に伝える。

「遊ぼう」4日目

1. 4日目の大まかな流れ

　4日目頃になると、子供たちの様子が少しずつ見えてきます。校庭でおにごっこをしたり、ジャングルジムで一緒に遊んだりしましょう。教室内の手遊びもゲームも教師が楽しんでいると子供たちも楽しくなります。

　4日目の流れを以下に示します。

> この流れはこれまでと同じ

朝の会まで	・登校したときの子供の顔を見て、様子を確かめます。 ・学習用具を机の中に入れ、ランドセルをロッカーにしまうように伝えます。 ・提出物や連絡帳を集めます。　　・トイレに行かせます。
	・健康観察「はい、元気です。好きな果物は〇〇です。」 ・1日の予定を連絡　・担任とのお話　・絵本の読み聞かせ

	教科	学習内容
1	音楽	「うたでなかよしになろう」（手遊び・好きな歌・校歌）
	国語	「おはなしたのしいな」・運筆練習
2	体育	遊具の使い方・校庭で遊ぶ
3	算数	「なかまづくりとかず」
4	学活	給食の準備・給食
5	生活	自分の名前と好きな物をかこう

> ●遊具は安全に気を付け正しく使うように指導しましょう。

2. 子供たちとの遊び方

　初めは「おにごっこ」をしてみましょう。おにの人数を増やすと楽しくなります。子供たちはすでにいろいろな「おにごっこ」を知っているので、聞いてできそうなことはやってみましょう。ルールがはっきりしないときは、皆でルールを決めます。おにが交代できて楽しくできるように工夫して遊びましょう。

> 【おにごっこのいろいろ】
> ●氷おに…おにが触ると凍って動けなくなる。他の子が触ると解除される。
> ●高おに…「高い所にいれば捕まらない」というルールのおにごっこ。
> ●手つなぎおに…おにに捕まった子は、手をつないで一緒におにになる。
> ※その他に、「色おに」「かげふみ」「バナナおに」などがある。

「見守る」5日目

1. 5日目の大まかな流れ

　5日目くらいになると、子供同士の人間関係も少しずつでき始めます。教室に来てからの子供の様子を観察しましょう。チェックポイントは、誰と話をしているか、一人で席についているか、楽しそうにしているか、寂しそうにしていないかなどです。

　5日目の流れを以下に示します。

> この流れはこれまでと同じ

朝の会まで	・登校したときの子供の顔を見て、様子を確かめます。 ・学習用具を机の中に入れ、ランドセルをロッカーにしまうように伝えます。 ・提出物や連絡帳を集めます。　　・トイレに行かせます。
	・健康観察「はい、元気です。好きな動物は○○です。」 ・1日の予定を連絡　・担任とのお話　・絵本の読み聞かせ

	教科	学習内容
1	音楽	「うたでなかよしになろう」（手遊び・好きな歌・校歌）
	国語	「おはなしたのしいな」・運筆練習
2	生活	廊下の歩き方・下駄箱の使い方
	体育	校庭に出て遊ぶ。校庭の並び方
3	生活	2年生と遊ぼう
4	学活	給食の準備・給食
5	行事	1年生を迎える会

> ●2年生とペアを作っておくと、これからの活動に生かされます。

2. 学校行事（1年生を迎える会）

　多くの学校では、入学1週間のうちに「1年生を迎える会」などの行事が実施されます。ここで1年生は「歌」や「呼び掛け」を行うことが多いようです。

　歌は1年生が知っている曲を選びます。練習は毎日の1時間目の音楽で行うようにすると、無理なく歌えるようになります。また、「呼び掛け」は簡単な内容で短くすると、子供が覚えやすく言いやすくなります。

4 朝の会
－気持ち良く一日を始めよう－

1. 朝の会は、みんなの笑顔のために

　朝の始まりは、にこやかに。子供たちは重たいランドセルを背負って、家庭でのいろいろな思いを抱きながら、学校へ登校してきます。朝の準備が素早くできる子もいれば、のんびりおしゃべりをしながらしている子もいます。そんな子供たちと一斉に始めるのが、朝の会です。だからこそ、雰囲気を大事にします。まずは、担任がとびきりの笑顔で迎え、あいさつをすることが大切です。

　朝の会で一番重要なことは、子供たちの状態を健康観察することです。そのための一工夫を紹介します。

2. 朝の会の手順

　朝の会は、日直が進めます。1年生でも1人で日直をすると、主役になることができ、責任感が育ちます。中には1人で日直をすることに不安がある子もいます。担任が補助に入った方がよい場合は補助をしますが、多くの場合、見ている子供たちが助けてくれます。助け合う姿が見えると、クラスの雰囲気が良くなります。

シンプルな朝の会 例

1　朝のあいさつ
2　日直の話
3　健康観察
4　先生の話

　入学して数日間は、担任がお手本を示し、その後は担任と一緒に、少しずつ補助を外しながら、1人でやらせるようにします。1年生でも、すぐに覚えてくれます。朝の会の項目が

これから、朝の会を始めます。
1年1組のみなさん、おはようございます。
　（全員：おはようございます。）
今日、がんばりたいことは、〇〇です。
　（「がんばってね」と応援の声）
次に健康観察です。先生、お願いします。
　（先生が健康観察をし、続けて話をする。）
これで朝の会を終わります。

シンプルであれば、手順表はいりません。その方が、子供は状況を考えながら、自然な話し方で話す力が付きます。

3. 朝の会の工夫の仕方

（1）健康観察の工夫

　健康観察は、担任が一人一人の顔をよく見て、観察をしながら、名前を呼びます。子供たちは、返事をした後に、自分の状況を話します。基本形は「はい。元気です。」

　でも、元気ばかりではありません。どんな状態なのかを聞き、子供たちの状況を把握することが大切です。

　「はい。おなかが痛いです。」

　「はい。今日は、眠いです。」

健康観察の中で、ハンカチ、ティッシュ、名札などの忘れ物を確認することもできます。

　「はい、元気です。○○○オッケーです。」

　「はい、元気です。ティッシュを忘れました。明日、持ってきます。」

　アサガオを育てている時期には、ぜひ、あさがおの健康観察も一緒にするとアサガオを大切にしている子がよく分かります。

　「アサガオも、元気です。」

　「今日、花が一つ咲きました。」など。

　健康観察は、皆が一言ずつお話しできる状況にしておくと、みんなのことを聞き合う楽しい時間になります。

（2）日直の話の工夫

　日直の話は、原稿を読まずに話せるようにすることを目標にします。実態に合わせてお題を決め、理由をつけて話すことができるようにします。

（3）帰りの会とのつながりを考える

　朝の歌や今日のめあてが必要な学校もあります。学年の教師と相談して自分のクラスに合った項目設定をしましょう。帰りの会とのつながりを考えることも大切です。気持ち良く一日が始まるように、項目を工夫していきましょう。

コラム

司会ができない……

　自分に自信のない子供は、司会を「やりたくない」と言ってきます。そんなときは、選択させると効果的です。

①友達と一緒ならできる。
②今日はしないで、明日する。
③今日はしないで、次回やってみる。

　どれを選んでも大丈夫です。毎日、友達の日直を見ていれば、できるようになります。日本語を話せない外国籍の子も、多くの場合、2学期には自分から前に出て来られるようになります。その子ができるようになるのを信じて待ってあげましょう。

〈日直の話　お題例〉

・今日、がんばりたいこと
・好きな○○シリーズ
・おすすめの本
・クラスの良いところ
・友達にしてもらってうれしかったこと
・夏休みの思い出　など

5 帰りの会
－今日の笑顔を明日につなげよう－

1. 帰りの準備の仕方を考えよう

　授業が終わった後、帰りの準備をして、帰りの会を始めます。1年生の子供にとって帰りの準備をすることも一仕事です。まずは、帰りの会がスムーズに始まる方法を考えましょう。自分の準備を淡々と終えて、着席した子供の姿を眺めてみましょう。美しい姿で帰りの会を待っています。そんな子供たちを見つめていると、周りの子供たちも着々と準備を終えて座ってくれます。

　それでも、おしゃべりばかりしていて時間がかかるクラスには、音楽を流すのも効果的です。「音楽が終わるまでに席に着けたら、すごいですね。音楽が聞こえるように、大きな音を出さずに準備ができるかな？」などと声を掛けてみましょう。

　また、絵本の読み聞かせが大好きなクラスでは、何人かが座り始めた頃に、絵本を読み聞かせると準備が素早く進み、落ち着いて帰りの会を始めることができます。クラスにあった方法をいろいろと試してみましょう。

2. 帰りの会は、簡単に

　帰りの会は、子供たちが落ち着いて安全に帰れるようにすること、「明日も学校に来たいな」という気持ちを持たせることが大切です。「今日の良かったこと」を振り返ることも大切ですが、時間があまり長くなると、子供たちは帰りたい気持ちで落ち着きを失うこともあります。帰りの会はできるだけ手短にすることをお勧めします。

　そこで、「日直の話」の中で、日直が代表として1日を振り返り、がんばったことやうれしかったことなどを発表するのも一つの方法です。もし、日直が話をすることができなかったら、「今日、がんばったことやうれしかったことを発表できる人は、いますか？」と、全体に投げ掛ければ、話がしたい子供たちが手を挙げて、発表してくれるでしょう。自分ができないことは、周囲に協力してもらうということを学ぶ良い機会になります。

　次に「先生の話」をします。「今日を振り返り、良かったこと」や「明日の予定」などを手短に話し、「明日も待っているよ。元気に来てね」という気持ちを込めて、笑顔で子供たちを見送りましょう。

　帰りの会も簡単であれば、子供は進め方カードがなくても司会をすることができます。

シンプルな帰りの会 例	帰りの会の進行例

シンプルな帰りの会 例

1　日直の話
　↓
2　先生の話
　↓
3　帰りのあいさつ

帰りの会の進行例

●日直の言葉
　「これから、帰りの会を始めます。」
　「ぼくは、〇〇をがんばりました。〇〇ができて、
　うれしかったです。」
　「次に、先生のお話です。先生、お願いします。」
●先生の話
　「これで、帰りの会を終わりにします。」
　「みなさん、立ってください。」
　「机の整頓をしましょう。」
　「忘れ物はありませんか?」
　「1年〇組の皆さん、さようなら。」
●全員
　「さようなら。」

3.　帰りの会の工夫

　簡単な流れの他に「今月の歌」や「今日のきらり」(友達の良いところの発表)「係から
のお知らせ」「レク係のクイズ」など、クラスの実態に応じて入れていきましょう。ただし、
下校時刻が遅くならないようにすること、子供たちが落ち着いた雰囲気で帰れるようにする
ことが条件になります。

　日直があいさつの前に、「名札は、取りましたか?」「給食袋は、持ちましたか?」など、
子供たちに確認する言葉を入れると、忘れ物も少なくなります。教師が、忘れ物がないよう

に机を目で確認することも忘れて
はならない大事なことですが、子
供たちが周りの友達に声を掛け合
う様子を見つけたら、すかさず褒
めていくと、周りの子供たちにも
浸透し、みんなで確認し合えるク
ラスになっていきます。

　最後のあいさつのときに「さよ
うなら。じゃんけんポン」と日直
とじゃんけんをしたり、教室から
出るときに教師とハイタッチをし
たりするのも、笑顔で帰す工夫の
一つです。

6 授業開きと教科指導の基本
ー生徒指導を十分に行いながら授業を構築ー

1. 発達段階を踏まえた指導

　小学校の授業は1年生も6年生も45分です。しかしながら、実際に集中できる時間は、5～7分程度と言われています。つまり、教師が気合を入れて20分間話したとしても、子供たちの頭には教師の思いほどは頭に入っていない可能性があります。その点を踏まえ、45分の学習内容を5分程度の組み合わせで構成していきましょう。

2. 学級のきまりと授業のきまり

　1年生では、学習指導においても「生徒指導」の役割が非常に大きくなります。組織をより良くするために大切なことは「きまり」です。では、授業内でのきまりは、どのように作るのでしょうか。簡単です。自分が「このようにしてもらいたい」と思っている行動をした子供を「褒める」のです。

　1年生は、褒められることに喜びを感じます。立ち歩いている子供がいたら、座っている子供を褒めるのです。「しっかり座っていられてえらいね！」と。同様に、「机の上の整理整頓」「ノートを開いて待つ」など、良い子を褒めることで、さまざまな「きまり」ができ上がっていきます。

3. 導入の大切さと工夫

　集中できる時間が短い1年生にとって、授業の「導入」は非常に大切です。「教科書56ページを開いてください」のような入り方は極力避けましょう。「見て見て、昨日ねえ、お隣のおばさんが、おまんじゅうを8個くれました」といった感じの導入を目指します。具体物、人形（ぬいぐるみ）、紙芝居、動画など、工夫を凝らした入り方が大切です。

　国語の物語文などでは、教師が肝心なキーワードをわざと間違えて読むのも有効です。「花は」を「虫は」に変えて読んだりするのです。「ダウトゲーム」と称して行えば、教師のミスを指摘しようと、子供たちの集中力は高まります。

4. 展開での思考の深め方と発言のさせ方

（1）指名の仕方

　指名の仕方には3種類あります。①挙手、②いきなり指名、③フリートークです。その割合はどのくらいがよいのでしょうか。若い教師の授業を見ると、①の「挙手」がほとんどですが、思考を深めるには、②の「いきなり指名」を7割程度にするとよいでしょう。全員が指名される雰囲気を出すことで、誰もが考えます。「Aさん、　7＋8の答えは何ですか？」ではなく、「7＋8の答えは何ですか？それでは、（間を置く）Aさん！」の方がよいでしょう。この間が大切です。間があることで考えるからです。次に全体の2割を①の「挙手」にします。答えられたらヒーローになれるような難しい問題は、挙手にするとよいでしょう。そして、残り1割を③の「フリートーク」とし、自由な発想でたくさんのアイデアが欲しいときに使います。

> ①挙手　　　　　　：2割
> ②いきなり指名：7割
> ③フリートーク：1割

（2）教師の○○○キャラで思考を深める方法

　発問に対する子供の発言が正解だった場合、「正解です。素晴らしいですね」と返す教師は多いことでしょう。でも、思考を深める上では、あまり良い返しとは言えません。むしろ、「えっ！」「本当に？」と返した方が思考は深まります。一瞬で思考の振り返りが起こり、子供が「絶対に合ってます」と言った場合には「なんで？」と返し、説明させればよいのです。答えが間違っていた場合も同じです。こうして対応することで、子供の発言が不正解だった場合に、「どうでしょうか？皆さん、同じですか？」と明らかに間違いを指摘するような対応をせずに済みます。

（3）全員に発表の機会を与える

　1年生は、1時間の授業の中で全員一度は発言させてあげましょう。例えば、「2人組の右側の人、立ってください。左側の人に発表しましょう」と言えば、半数が発表できます。交代させれば、全員が発表できます。立たせて発表させることで、発表のスイッチが入るとともに、全体発表の練習にもなります。

（4）グループでの発表で思考を深める方法

　グループでの話し合いは3人がベストです。それ以上になると、発言できない子供が出やすくなります。話し合い後の発表者は教師が指名します。そうすることで、全員がしっかりと思考し、発表（表現）に備えるようになります。

生活科を柱とした初期段階の授業構成
―教科横断的な視点を含めて―

1. 生活科から他教科につなげる

　子供たちは自然に興味を持ち、人やものと関わりながら活動することが好きです。そうした活動を通じ、子供たちは多くのことを学びます。気付いたことについて友達と話したりします。教師はそうしたつぶやきや会話に耳を傾け、生活科で広げたり他教科につなげたりします。

　また、教師が子供たちの思いや願いを受け止め、授業の中で生かすことができると、子供は自信を持つようになります。その手伝いを教師がするのです。

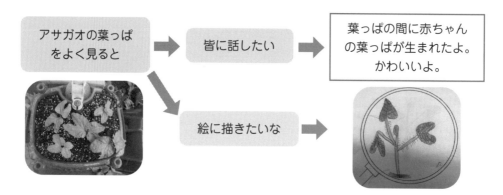

2. 各教科で道徳的指導や学級活動的内容を

　新しい学習指導要領では、カリキュラム・マネジメントの一環として、教科等横断的な学びが求められています。中でも、道徳的な指導や学級活動的な内容は、各教科の授業を通じて実施していく視点が、教師には求められます。

モルモットかわいいよ。あったかいね。
心臓が「どくどく」動いているよ。
触らせて。

わーい落ち葉がたくさんあるよ。
投げてみよう。一緒にやろう。
楽しいね。

3. 生活科からの学びの広がり

　生活科での気付きや学びは、それを掘り下げていくことで、各教科の学びへと広がっていきます。すなわち、生活科の授業を進める上では各教科での学びにどうつなげていくかを意識することが大切です。そうすることで、「教科」という区分での学びに慣れていない1年生も、学ぶことの意義や意欲を持つことができます。

　以下に、生活科の目標と各教科で育まれる資質・能力との関係性をフロー図にまとめましたので、参考にしてください。

生活科の目標と各教科で育まれる資質・能力

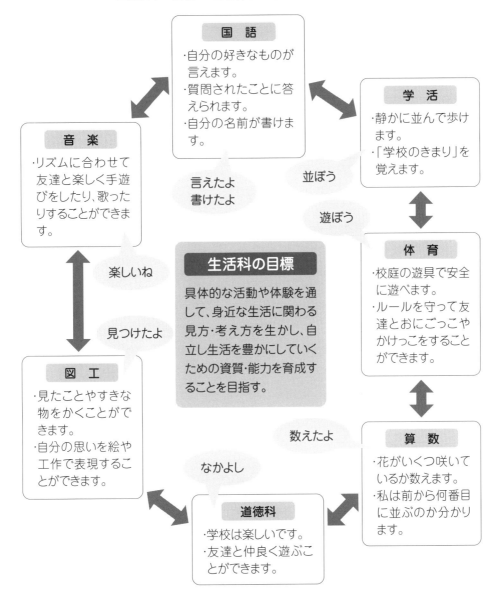

国語の授業開き －「子供発信」を重視－

1. 子供たちの「べんきょうしたい！」気持ちを大切に

　入学式の日に「明日は、何がしたいかな？」と聞くと、「おべんきょう！」「こくごがしたい」「さんすうがしたい」と子供たちは、答えてくれます。でも、実際、初日に教師がさせようと準備していることは、ロッカーの使い方やトイレの使い方、座り方、返事の仕方など、「○○の仕方」が大半を占めます。でも、子供たちは、「べんきょうをしたい！」という気持ちで入学してきます。だからこそ、入学式の翌日に、国語の授業開きをすることが大切なのです。初めての国語の授業の中でも、「○○の仕方」を学ぶことができます。それは、学級経営の土台になるものです。

2. 授業開きは子供発信が大切

　まず、教科書を開きます。そこには、たくさんの絵と、文が一文「いいてんき」と書かれています（光村図書）。子供たちの第一声は何でしょう。

「いいてんきって書いてあるよ」「みんなで遠足している」「鳥がいるよ」

　さまざまな声が教室に響き渡ります。手を挙げて、「はい！はい！」と勢い良く「指してください」と主張する子もいるでしょう。

　ここに学びがあります。その状況を教師がじっと見ていると、「誰が話しているか分からないよ」「順番に話したらいいんじゃない」「話したい人、手を挙げて」といった風に子供たちが考え始めます。こうして子供たちが考えてルールを作っていく姿が大切です。手を挙げた人を先生が順番に指してもいいですし、子供たちが指しても構いません。こうして子供たちと共に学習のルールを作っていきましょう。

例えば、誰かが「ここに鳥がいます」と発表したとします。すると「どこどこ？」「いた〜」と、つぶやく子供たちが出ます。そこで、教師は「本当だね。この鳥のことで気になることは、ありますか？」と発問します。すると「この鳥は何を見ているのかなぁ」との発言があり、「みんなを見ているんじゃないかなぁ」と、広がっていきます。こうして次々と疑問が出ることで、子供たちのイメージを広げることができるのです。

　あるいは「いいてんきって、書いてあります」と、文に注目する子もいます。国語の授業としては、言葉を大事にしていきたいので、ここに注目できたことは素晴らしいことです。そこで、教師から「いいてんき。分からない言葉ある？」と発問します。

　すると「『いい』が分かりません」「『てんき』が分かりません」と言う子が必ずいます。誰も言わなかったら、それは分かっているふりをしているだけなので「『いい』ってなに？」と聞いてみましょう。子供は「『いい』って、『いい』てんきのいいじゃない？」「はれてることだよ」「良いことじゃない？」などと返します。

　続いて教師から「『てんき』は？」と聞くと、子供からは「晴れとか、雨とか」「雷も」「雪」「空の様子を言うのかな」など、次々と出てきます。

　この時、発表している子を褒めることも大事ですが、聞いている子に注目することも大切です。発表者の顔を見ながら、聞いている子、うなずきながら聞いている子、肯定的なつぶやきをしている子など、学習のルールとして定着させたい姿の子供たちを見つけて、全体に知らせていきます「いいてんき」の言葉の意味が分かったら、「今日は、いの字をみんなで上手に書けるようになろう」と言い、ひらがなを教えていきます。鉛筆の持ち方、姿勢の確認も大切です。子供たちは意欲のあるときに、学習が身に付いていきます。子供たちが自主的に「話したい」「考えたい」「書きたい」と思うような授業展開をしましょう。

3.　授業開きのポイント

　最後に、教師が押さえたいポイントを挙げておきます。

---

　① 子供の疑問から学習を展開するので、疑問を出すことを大切にする。
　② 発表の仕方のルールを作る。「聞き合い」ができるように聞く人に注目する。
　③ 言葉に着目し、言葉を置き換えたり、意味を考えたりする習慣をつくる。
　④ 教科書の中から根拠を見つけて、話ができるようにする。
　⑤ 字を書く姿勢、鉛筆の持ち方を確認できるよう準備しておく。

算数の授業開き ―なかまづくりとかず―

1. 数の理解

　1年生においても、生活や遊びの中でものの数を数える経験をしている子も多くいますが、数についての経験には個人差があります。生活場面から興味を持たせ、数を使うことの良さを感じ、数についての感覚を豊かにしていくことが大切です。

2. 授業の流れ

（1）生活場面からの導入で興味を高める

> 　飴があります。4月生まれの友達（配る子供は実態に合わせて）に渡したいと思います。飴は足りるでしょうか？
> 　みんなに配れて、飴があまりました。飴が足りてよかったですね。今日は、このような「足りる、足りない」について、みんなで考えていきましょう。

（2）問題場面を把握し、比べ方を考える

　教科書の絵を見てどんな場面か話し合ったり、気付いたことを伝え合ったり、みんなの考えで授業を作っていく感覚を育てましょう。

　「コアラさんに傘は足りますか？　どうしたら分かるでしょうか？」

　考えを出し合い、コアラと傘を線で結んで比べると数の多少が分かることを全体で確認します。教科書の拡大図を用意し、実際に線で結びながら確認します。

　「クマさんはみんな椅子に座れますか？　同じように線で結んで考えてみましょう。あれれ？　線がからまって分からなくなってしまいましたね。線で結ぶのが難しいときもあるのですね。他に良い方法はないですか？」

　考えを出し合いながら、ブロックを使って比べる方法をみんなで考えます。

　「椅子に黄色、クマさんに白のブロックを置いていきます。置いただけでは、どちらが多いのか分かりませんね」と問い掛けると、子供たちからは「きれいに並べたら分かりやすそう！」などの声が聞こえてきます。

（3）比べ方や比べた結果をペアで伝え合う

　「チョウがお花に止まろうとしています。みんな止まれるでしょうか？」

　線で結ぶ方法とブロックを使った方法の好きな方で取り組ませ、もう一つの方法でも同じ

になるか確かめさせます。それぞれの比べ方の良さを知り、場面によって自分で比べ方を選べるようになるとよいでしょう。

「ブロックを並べて考えました。お花が多いので、チョウがみんな花に止まっても足ります。」

ペアの活動の前には、教師と子供で見本を見せてから行うと見通しを持って取り組めます。

3．学習ルールは丁寧に楽しく

授業開きでは、楽しく学習できるように興味・関心をひくことも大切ですが、座って学習することに慣れていない1年生には、学習のルールを身に付けさせることも大切です。「教科書を開きましょう」「ブロックを出しましょう」「鉛筆を置きましょう」といった一つ一つの作業をみんなで一緒に確認しながら行います。ブロックを使うときには、「先生と同じ数だけ出しましょう。できた人は良い姿勢をして先生に合図をください」とブロックを出した後の指示もしておきます。「○○さん、素早く良い姿勢になれましたね」「ブロックの並べ方も姿勢も、とてもきれいですね」など、一つ一つの活動に時間は掛かりますが、ゆっくり丁寧に学習に必要な態度を育てていきます。

4．10の合成を身に付けよう

10の合成分解は、くり上がりのあるたし算やくり下がりのあるひき算の基礎となります。楽しみながらもしっかり身に付けたい知識です。

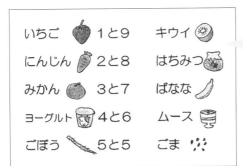

♪いちごとキウイでミックスジュース♪

いちご	1と9	キウイ
にんじん	2と8	はちみつ
みかん	3と7	ばなな
ヨーグルト	4と6	ムース
ごぼう	5と5	ごま

ミックスジュースをつくって覚えよう

教師「にんじん」→パン、パン（2回手をたたく）→子供「はちみつ（8）」と足して10になる数をリズムに合わせて言います。授業の初めなどに行うと効果的です。

道徳科の授業開き －がんばっている人は？－

1. 道徳科は楽しい！面白い！

　1年生は、道徳科がどんな勉強なのか分かっていません。だからこそ、「道徳って楽しい！」と思わせることが大切です。そこで、お馴染みのキャラクターを使った道徳科の授業開きを紹介します。小学校6年間のスタートとなる大切な授業開きです。楽しい記憶が残るすてきな道徳科授業開きにしましょう。

2. 授業開きは、やっぱりこの人「アンパンマン」

「この人、誰か分かりますか？」

　こう問い掛けながら、アンパンマンのイラストを見せると、全員が目をキラキラと輝かせて「アンパンマン！」と答えてくれます。1年生はアンパンマンが大好きです。

「アンパンマンは、がんばっていますか？」

　続けてこう問い掛けると、当然でしょうと言わんばかりに「うん！」答えてくれます。

「では、この人もがんばっていますよね？」

　そう言って、バイキンマンのイラストを見せます。すると、子供たちは大笑い。

　「どうして、みんな笑うの？」と問い掛けると、「先生、それは違うよ！」「がんばってない！」と反論してきます。そこで、「え！？すごいメカやロボを作ってがんばっているし、ドキンちゃんのためにがんばることもあるし。すごいよね」と問い返します。すると「ちがう！」とムキになって言い返してきます。

「アンパンマンのがんばりとバイキンマンのがんばりは、何が違うんだろうね？」

　こう発問し、比較して考えさせます。比べて考えることは、道徳科ではとても大切な思考活動です。6年間大切にしてください。

アンパンマンとバイキンマンの違い

アンパンマンのがんばり！	バイキンマンのがんばり？
・みんなのためにがんばっている ・みんながこまっていたらたすける	・みんなにいじわるして、めいわく ・自分かドキンちゃんだけのため

3. 楽しさを広げる＝考えを広げる（多面的・多角的に学ぶ）

　アンパンマンとバイキンマンの違いについて、全ての意見をよく聞いてください。そして板書にしっかりと整理しましょう。意見を板書に整理して書くことで、理解が深まります。そして、必ず「皆さん、素晴らしいですね」など称賛の言葉を送ってください。

　「それでは、この人はがんばっていますか？」

　導入と同じ問い掛けを繰り返し、ジャムおじさんのイラストを見せます。

　アンパンマンとバイキンマンの比較が終わったばかりなので、子供たちは「え？」と目を丸くして驚きます。でも、すぐに「がんばっているよ！」「だって、顔（あんぱん）焼いている！」と自信満々に答えてくれます。

　アンパンマンやバイキンマンだけでもよいですが、ジャムおじさんを登場させることで、子供たちは考え方の広がりを感じ、多面的・多角的な学びになります。

　「みんなは、誰が好きですか？」と最後に聞いてみます。ほとんどの子が「アンパンマン！」と答えるでしょうが、中には「ジャムおじさん」と答える子もいれば、ほんの少し、「バイキンマン」と答える子もいるかもしれません。時間があれば、その理由も聞いてみたいところです。

　最後は、「道徳という勉強は、今日皆さんがやったように、たくさん考えて（発言して）、いいなあと思う生き方を見つけていく勉強です。皆さん、素敵です！！」と伝えて、笑顔で終わります。

4. 板書例

　板書については、話しながら書いてあげることで1年生でもその内容が理解できます。

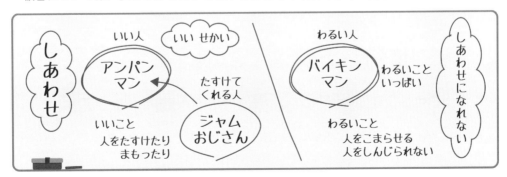

7 学級目標を立てる
―話し合いと掲示物作成のポイント―

1. 学級目標の基本的な考え方

　学級目標は、学校教育目標や学年目標を受けて作成していきます。学校教育目標は、多くの場合「知・徳・体」が分かるような形で、ごく簡単な文言で作られています。それを受けて、もう少し具体的に、発達段階等を考慮した学年目標が、学年の教員間での話し合いなどを通じて定められます。学級目標は、その学年目標について子供たちに話した上で、子供たち自身が決めます。どんなクラスを目指すのか、具体的に話し合いながら、設定していくことが大事です。

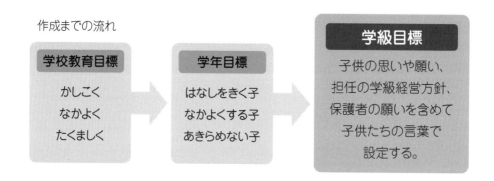

作成までの流れ

学校教育目標	学年目標	学級目標
かしこく なかよく たくましく	はなしをきく子 なかよくする子 あきらめない子	子供の思いや願い、担任の学級経営方針、保護者の願いを含めて子供たちの言葉で設定する。

　学級目標を設定する際の留意点としては、次のようなものが挙げられます。

・子供たちとよく話し合い、担任の願いだけを押し付けないようにする。
・子供たちが目標を意識しながら生活できるように分かりやすい言葉にする。
・1年間を見通した学級経営方針と関連付けられるようにする。
---

2. 学級目標を作るために話し合いをする

　話し合いは、4月後半から5月前半に行うのがよいでしょう。この頃になるとクラスの様子や友達の様子、学校での過ごし方が分かってくるようになるからです。学級会の議題とし、いつもの学級会の流れで話し合いをしていきます。
　学級会ノートを書く前に、学校教育目標、学年目標を話し、具体的に「どんなクラスにし

たいか」「どんな風に過ごしたいか」「どんなことをがんばったら、素敵なクラスになるか」など、子供たちが考えやすいように教師が発問をします。

　1年生にとっては初めての学級目標づくりなので、「たのしいクラス、やさしいクラス、あかるいクラス」のように、簡単な言葉で発表が始まると思いますが、次第に具体的な案が出てくるようになります。

- たのしい　　● やさしい　　● あかるい　　● けんかしない
- にぎやか　　● げんき　　● はなしをよくきく　　● しずか
- しあわせ　　● みんなでちからをあわせる　　● みんなでたすけあう
- じかんでおわらせる　　● べんきょうをちゃんとやる
- やるときはやる　　● きめられたしごとをちゃんとやる
- みんなであそぶ　　● あいさつをちゃんとする
- へんじをする　　● てつだいをすすんでする

　意見は、理由を付けて話すように伝えます。また、友達の意見を聞き、賛成意見を発表していくと、子供たちの願いや思いが見えてきます。

　そして、学校教育目標、学年目標の「知・徳・体」の流れを汲んだ学級目標になるように、子供たちの意見をまとめていきます。

　上記の案を出した子供たちは、少し長い文になりましたが、以下のようにまとめました。

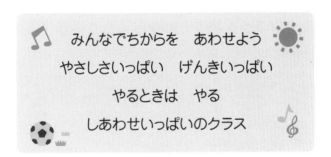

♪ みんなでちからを　あわせよう ☀
やさしさいっぱい　げんきいっぱい
やるときは　やる
⚽ しあわせいっぱいのクラス ♪

　学習する時、行事の時、トラブルが起きた時、成長した時などのたびに、学級目標に戻っていくことができる文章にするとよいでしょう。「みんなで力を合わせたからできたんだね。目標を達成しているね。幸せいっぱいのクラスになっているね」など、子供たちの言葉が結び付くと目標の意味があると思います。

　また、子供たちの目標案をもとに、教師が学級開きの際に話をしたテーマ等を学級目標の頭文字にする形で作成してもよいでしょう。言葉入りの学級目標は、子供たちが親しみやすいものになります。

その場合は、例えば「先生はこのクラスを花丸いっぱいのクラスにしていきたいと思っています。みんなは、どんなことを花丸にしていきたいですか？」といった具合に、話し合いの柱を花丸にして進めます。そして、出てきた意見を「はなまる」の文字に当てはめて、次のような学級目標ができたりします。

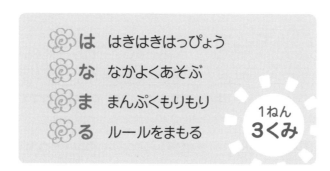

学習のこと、友達とのこと、給食のこと、学校生活のことが入り、具体的な目標になっています。そのため、子供たちにもとても分かりやすく、振り返りがしやすい学級目標です。

3. 子供たちの様子が見える楽しい掲示物を作る

掲示する学級目標は、一人一人の子供たちの顔写真を周囲に散りばめたものにするのがよいと思います。4月当初の顔写真を掲示することで、3月になった時、子供たちは自身の成長を実感することができます。

掲示例①　個人写真を花枠などの中に入れて掲示する

下の写真の学級目標では、たんぽぽの花の中に写真を入れています。たんぽぽは、冬の寒

さの中で根を伸ばし、春になったら太陽のように花開き、綿毛になって種を飛ばします。つまり、「子供たちにもたんぽぽのように成長してもらいたい」との担任の願いが込められています。

掲示例②　自分の似顔絵や好きなものの絵を描いて掲示する

　顔写真ではなく似顔絵を配置する場合には、顔だけを描くのか体まで描くのかを子供たちに伝えた上で描かせます。また、子供が好きなものの絵を配置するという方法もあります。その場合は、図工の時間に10cm四方の画用紙に数枚描かせ、その中から子供に気に入っているものを選ばせ、それ以外の絵は図工の作品にすれば、図工の時間を使って描くことができます。

　ただ、4月の子供たちの絵は、発達段階により個人差も大きいので、その点は配慮する必要があります。中には顔を描くことができない子、絵が苦手な子もいます。そのため、名前を入れて掲示した方がよいのか、そうでない方がよいのかも考える必要があります。学級目標は1年間ずっと掲示するものなので、保護者も含めて誰もが嫌な思いをしないように十分注意しましょう。

掲示例③　一人一人の手形に名前を入れて掲示する

　学級目標の周りに、子供たちの手形を配置してもよいでしょう。その場合は、水彩絵の具を何色か用意し、その中から子供たちが好きな色を選び、手に付けて画用紙等に押します。手形が乾いてから、画用紙に名前を大きく書き、学級目標の周りに貼り付けます。

　なお、学級目標の文字は、教師が書いたものをなぞらせてもよいので、子供たちに書いてもらうと、子供たちの手づくり感が出て、より良い掲示物になります。子供たちの実態に合わせて、わくわく楽しい掲示物を作成してみましょう。

学事　太郎

8 係・当番活動
―ドキドキワクワク初めての係・当番活動―

1. 1年生の係・当番活動の基本的な考え方

　1年生の係・当番活動は他の学年と違って特別です。なぜなら、1年生はまず、「自分のことができる」ことが一番大切だからです。学校にはさまざまなルールがあります。例えば、

> ●提出物や宿題を朝初めに先生の机の上に出す。
> ●休み時間の間にトイレに行き、授業の前に次の時間の準備をしておく。
> ●授業中は先生の話を聞き、与えられた課題に取り組む。

等です。他にも数えきれないほどのルールを1学期の間に確認していきます。そのため、1年生の1学期は、まず学校生活で自分がしなくてはならないことを確認しながら、学級の中に必ずなくてはならない「当番活動」をみんなで分担して行っていきます。もしかしたら、それを「係活動」として取り組んでいる学校もあるかもしれません。初めは子供たちが混乱しないように、「当番（係）活動一つにしぼる」ことがお勧めです。

2. 1年生の係・当番活動は
　　協力して仕事をやり遂げることが大切

　初めての小学校。そこで子供たちは新しいお友達と、ドキドキしながらどんな生活を送っていくのか楽しみにしています。そして、係・当番活動も、子供にとって楽しみの一つになる活動です。どんな子供でも主役になれるし、協力と責任も自然と学ぶことができます。学校での学習はもちろん大切ですが、係活動や当番活動を通して子供たちは学級という一つの社会で「協力して仕事をする」「楽しさを自分たちで作り出していく」など、大切なことを学んでいきます。また、学級の一員であるという安心感が生まれるのも当番活動や係活動の良いところです。

　1年生の一番初めは、まず学級の中にどのような仕事があるのか確認していきます。それを当番活動にしていきます。2年生以降の場合は、初めの学級会などでみんなで話し合ったりしますが、1年生は担任が提示した方がスムーズにいきます。例えば、「保健当番」「給食当番」「体育当番」「生き物当番」などです。

主な当番活動は、この他に「日直」「給食当番」「掃除当番」などがあります。学校や学級の実態に合わせて、活動内容は変えていくことが必要になります。

　小学校では当番活動は「学級になくてはならない仕事」、係活動は「なくてもいいけどあったら学級がより良く、楽しくなる活動」とされています。上記の当番活動以外にもさまざまな当番活動はありますが、1年生の間は欲張らず、最小限の仕事を行っていくのがお勧めです。そのため、1学期は当番活動のみ、2学期以降に係活動を加えていくというのが、無理なく学級運営できるコツです。

　係・当番活動を自分たちで行うことによって、子供たちには仕事を任される責任感が生まれます。また、一人では大変だと思うことも、協力して行えばできるということにも気が付きます。1年生はとにかく「やればできる」という体験を積み重ねることが大切です。一つでも「できた」という感覚、そして子供たちの自尊心が育まれる活動にしていけるよう、工夫するようにしましょう。

3. 日直当番

　日直は、学級にならなくてはならない当番活動の一つです。1年生の最初は、ペアで日直をするとスムーズに運営できます。お互いに声を掛けながらできるからです。日直の仕事は、基本的には、右のように進めていきます。

　その他に、植物や生き物の世話なども、これらの当番がない場合には入ってきます。また、給食当番の活動の中に、配膳台を用意したりふいたりする仕事を入れなければ、日直の仕事になります。あるいは、教室の電気を

1、あさのかいのしかい
2、じゅぎょうのあいさつ
3、きゅうしょくのあいさつ
4、そうじのはんせい
5、かえりのかいのしかい
※しごとをしたらひっくりかえして　うらの「え」をかんせいさせよう!!

つけたり、窓を開けたりする仕事が入ってくることもあります。どんな当番を設けるかによって、日直の仕事内容は変わってきます。

　また、日直は「話す・聞く」活動に直結しています。

> ● 前を見て、みんなに伝わる声で話す。
> ●「聞かせる」ために、みんなが日直に集中してから話す。

等、今後の学校生活にとって欠かせない基本的な態度が育つように、毎日指導していきましょう。

掲示物はカラーで目につくものを準備するとよいでしょう。例えば、右のようなもので四角には自分で書いた名前を入れます。また、日直の仕事で終わったものは、ひっくり返して分かるような掲示物（写真参照）がお勧めです。マグネットで作ってもいいですし、裏に絵を描いていて全部できたら、絵が完成するなどの仕組みにすると、子供たちの「仕事を終えたい」という意欲も高まります。

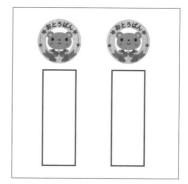

朝の会、帰りの会は以下のように進めます。

1、あさのあいさつ
2、けんこうかんさつ
3、かかり、とうばんからのおしらせ
4、きょうのめあて
5、きょうのよていとせんせいのおはなし

1、かえりのあいさつ
2、かかり、とうばんからのおしらせ
3、きょうのふりかえり
4、あしたのよていとせんせいのおはなし
5、せいとんとかえりのあいさつ

朝の歌を入れてもよいでしょう。また、スピーチ活動をするなら、朝の会か帰りの会どちらかに入れてもよいと思います。子供たちがスムーズに進められるよう、各会の進め方を掲示したり、日直用のカードを準備したりしましょう。

4. 日直以外の当番活動

先ほども述べたように、当番活動は学級になくてはならない活動です。1年生の1学期は、「慣れる」ことと「協力」することが大切なので、2人組もしくは3人組で当番活動を始め、2学期以降は責任を持って仕事をするために、「一人一役」にします。ただし、配り当番など一人だと仕事が回らないものは、2人以上が担当するようにします。

具体的な当番と仕事内容は、以下のとおりです。

●宿題国語（2人）…ひらがな、漢字ノートやプリントの提出チェック
●宿題算数（2人）…算数ノート、プリントの提出チェック
●音読宿題（2人）…音読カードの提出チェックとスタンプ押し

●黒板（5人）…黒板をそれぞれの担当の時間にきれいに消す

●健康観察持ってくる…朝教室に入る前に持ってきて担任の机の上に置く

●健康観察持っていく…朝の会健康観察が終わった後すぐに保健室へ持っていく

●窓…朝窓を開ける。帰り窓を閉める

●電気…朝電気をつける、帰り電気を消す。教室移動のときに電気を消す

●当番表…日直当番表、給食当番表、掃除当番表を回す

●欠席連絡カード…お休みの人の欠席連絡カードを書き、責任を持って渡す

●時間割…毎日の時間割表を表示する

●音楽…朝の歌のCDを流す

●日付…日にちを書き直す

●給食配膳台出す、給食配膳台しまう…配膳台の準備と片付け

●整頓…帰りの机といす、窓、電気のチェック

●手紙朝、昼…手紙を朝見て持ってくる、昼見て持ってくる

●当番マグネット…当番のマグネットを元に戻す

　月曜日の健康観察の際に、返事と一緒に「〇〇当番です」と言わせます。そうすることで、子供たちはその週の自分の担当当番を認識し、担任も確認できます。

　また、仕事が終わったら黒板に貼ってあるリバーシブルの名前カードをひっくり返すようにすると、仕事に落ちがなくて確実です。子供たちが自然と責任を持って活動できるシステムを作りましょう。

5. 係活動

　2学期以降、いよいよ係活動が始まります。係活動は「あったらよりクラスが楽しくなる活動」です。

　係活動が充実していれば、学級はかなり楽しくなります。高学年になった時、いかに楽しい学校にしていくかを考えられるかは、1年生からの係活動にかかっていると言っても過言ではありません。

　学校という「ルールの中の社会」で係活動は「保障された自由活動」です。子供たちの思いを、ルールの中で最大限に生かしていく活動にしましょう。

　最初に担任から、係活動の定義について説明します。1学期にがんばって仕事をしてきた子供たちを十分に褒めた後、「みんながんばればもっと楽しくなるよ！」と伝えます。そして、当番以外のもう一つの仕事を加えることを説明します。また、仕事は増えるけど、とても楽しい仕事だということも伝えます。そして、1学期から何となく担任側から提示し、取り組んできた活動を伝えていきます。例えば、レク係などです。子供たちから案が出てこ

53

ないようならば、以下のような係活動を挙げます。

●みんなで遊ぼう！レク係　　　　　●教室キラキラ！デコレーション係

●もっと知ってね！生き物係　　　　●動くの大好き！体育係

●お知らせします！新聞係　　　　　●みんなと歌おう！音楽係

●本が大好き！図書係　　　　　　　●仕事ください！お手伝い係

●今日の天気は？お天気係　　　　　●みんなをびっくりさせるよ！マジック係

係活動カードは写真入りにすると、自分と同じ係の
メンバーが誰なのか、文字を読むのが苦手な子でも把
握できます。また、ラミネート加工をしておくと、お
知らせコーナーを毎回書き直すことができるので便利
です。

「ワクワクするね〜」などと言って、子供たちがよ
り意欲を持って係活動に参加できるよう声掛けをしま
しょう。また、「いつ」「どこで」「どのような」活動
をするかが分かるような形の掲示物も作っておきま
しょう。さらには「係は会社と同じ」ということも伝
え、1カ月活動がなければ「倒産」というルールも設
けます。楽しい活動にも責任が伴うということをしっ
かりと教えていく必要があります。係活動の充実は学
校教育の醍醐味です。ぜひ、子供たちと楽しみながら活動してみてください。

係活動カード

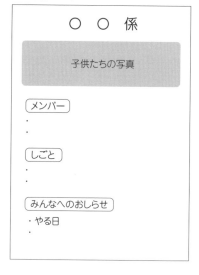

6. 班当番（グループリーダー）活動

クラスにもう一つ、あると便利な当番活動があります。それは「班当番」です。

班当番とは、班の中での一人一役活動です。1年生の子供たちの様子を見ながら、いつこ
の活動を入れるか考えます。班当番の具体的内容は、次の通りです。

【班当番の具体例（5人班の場合）】

●学習リーダー…班の提出物の管理。司会など、学習の中心的な活動のリーダー。

●掃除リーダー…掃除の役割の決定。反省会の司会。反省カードの提出と報告。

●給食リーダー…給食準備の確認手伝い。食べ終わった食器のチェック。
　　　　　　　　給食片付けの手伝い。

●連絡帳リーダー…連絡帳のチェック、提出管理。

●整頓リーダー…机の中やロッカーの整理整頓チェック。

4人班の場合は、「掃除リーダー」と「整頓リーダー」を兼任し、「掃除・整頓リーダー」とします。1年生の子供たちは、放っておくと机の中が散らかってきます。そのため、週に1回、可能ならば整頓の時間を取ります。掃除の時間でも構いませんが、驚くほど片付くのでお勧めです。

7. 掲示コーナーや活動報告の作り方

　係・当番・班当番に責任を持って楽しく活動するために、掲示コーナーは必ず作るようにしてください。当番は1学期交代なら、縦にマグネットを名前の順に貼って確認するとよいでしょう。1週間交代なら、円の当番表を作っておき、回していきましょう。係コーナーは、係カードをラミネートし、活動の計画がクラスに伝わるようにしておきましょう。また、朝の会や帰りの会で活動報告ができる場を必ず設定しておきます。係活動が行えたら、シールを貼るなどの配慮をすると、1年生はよりがんばって活動してくれます。

当番表		
に	にっちょく	Aさん
え	えんぴつかす	Bさん
お	おとしもの	Cさん
お	オールマイティー	Dさん
ぎ	ぎゅうにゅうパック	Eさん
ぎ	ぎゅうにゅうパック しょくごせいり	Fさん
く	くばり1	Gさん
く	くばり2	Hさん
け	けんこうかんさつ	Iさん
け	けいじ	Jさん

子供の名前はマグネットシートでできていて、自由に動かすことができます。

ラミネート（パウチ）します。この部分を黒板と同じ色にしておくと目立ちません。

その日の仕事が終わった人は右側にずらします。仕事をしていない人は、帰ることができません。

50音順に並べ、頭文字を別にしておくと、担当を探すときに便利です。

学級会
―より良い学級づくりのために―

1. 学級会とは

学級会は、特別活動における自発的・自治的な活動の中心となる内容で、「学級活動（1）学級や学校での生活をより良くするための課題を見いだし、解決するために話し合い、合意形成し、役割を分担して協力して実践」する自主的・実践的な活動のことです（学習指導要領より）。特に、自分と違う意見や少数意見を尊重し、安易に多数決をするのではなく、折り合いをつけながら集団としての意見をまとめることの大切さを理解したり、合意形成のための手順や方法を身に付けたりすることで、その他の特別活動の内容にも生かされることにつながります。特に、1年生の学級会では、話し合いの約束に沿って友達の意見をよく聞いたり、自分の意見を言えるようにしたりして、合意形成を通じて決めたことをみんなで実践することの良さを実感できるように指導することが大切です。ですから、1単位時間の中で、前半に話し合い活動、後半に実践という方法もあります。話し合いの後にすぐ実践をすることで、合意形成の意義を感じることができ、1年生には有効です。また、感想発表など、口頭でも構いませんので、忘れずに振り返りを行いましょう。

2. 学級会を始める前に

1年生は、何もかもが初めてだらけです。目にするもの、耳にすること全てが初めてで、教科学習のみならず、新しいことは「とにかくやってみたい」という気持ちでいっぱいです。どんなことでも吸収していくので、学級会は絶好のチャンスです。「学級会とは何か」から始まり、運営の進め方や参加の仕方に至るまで丁寧に教え、中・高学年へとつなげていきましょう。

そして、1年を通してみんなの前で意見を発表したり、みんなで決めたことを実践したりするなどして、楽しかった経験や成功体験を多く積ませてあげましょう。そうすることで、

学級（集団）に対する理解も深まり、所属感が高まります。そのために、基本的な手順や流れを一つ一つ丁寧に教え、一緒に取り組みながら、次のようなことを事前に確認して進めていきましょう。

■学級づくり（集団における基本）

→ 学級目標の設定と個人目標の設定。

→ 給食・掃除当番や日直など、常時活動の組織づくり。

■学級に対する興味・関心を高める「きっかけ」づくり

→ 議題ポストの設置と説明。

→ 休み時間や給食での子供との交流や会話。

→ 係活動（一人一当番など）での報告、感想。

■司会グループの編成

→ 1グループ5〜6人程度（名簿順で機械的に組んだグループでよい）、1年間固定。司会、黒板記録、ノート記録の役割を全員が経験できるように輪番制（機能するまでは担任が行い、その後も助言しながら一緒に行う）。

■学級会グッズの作成（学校全体で作成しているところもある）

→ 黒板掲示（議題、提案理由、めあて、話し合うこと、決まったこと、賛成・反対マーク、話し合いの流れ、時間表示、意見用短冊等）

→ 司会グループの役割名札、学級会ノート、計画委員会活動計画、提案カードの作成（「やりたいな」「作りたいな」「こまったな」の三つの視点ごとに色分けしたカードにすると分かりやすい）。

資料1　提案カード

■学級活動コーナーの確保

→ 教室内の側面や背面などを活用し、学級会開催までの流れや次の学級会の予告、今までの学級会の足跡、実践の様子の写真等を掲示しておく。また、計画委員のメンバーを一覧表にして掲示しておくと、いつ回ってくるのか確認でき、意欲を高められる。

メダルやペンダントにして、学級会の時間に首から下げておくと、一目で提案者が分かり、提案した子供も誇らしい気持ちになる。

---

3. 学級会の進め方と手順

　学級活動（1）の基本的な流れに基づいて、学級会を進めていきましょう。1年生ですから、計画から当日の運営まで、オリエンテーションをしながら、最初のうちは担任が進めていきます。少しずつ子供も入れて一緒に行い、慣れてきたら自分たちで進めていけるよう必要な場面で助言をし、自信を持たせながら一緒に取り組んでいきましょう。

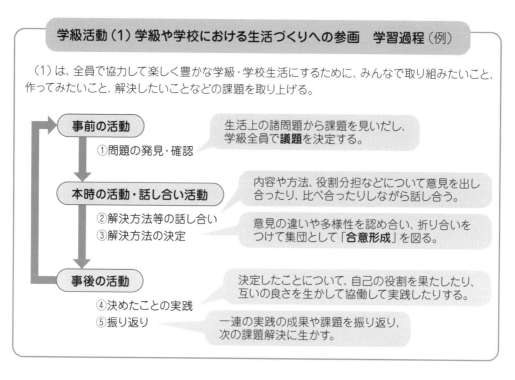

学級活動（1）学級や学校における生活づくりへの参画　学習過程（例）

　（1）は、全員で協力して楽しく豊かな学級・学校生活にするために、みんなで取り組みたいこと、作ってみたいこと、解決したいことなどの課題を取り上げる。

事前の活動
①問題の発見・確認
　生活上の諸問題から課題を見いだし、学級全員で**議題**を決定する。

本時の活動・話し合い活動
②解決方法等の話し合い
③解決方法の決定
　内容や方法、役割分担などについて意見を出し合ったり、比べ合ったりしながら話し合う。
　意見の違いや多様性を認め合い、折り合いをつけて集団として「**合意形成**」を図る。

事後の活動
④決めたことの実践
⑤振り返り
　決定したことについて、自己の役割を果たしたり、互いの良さを生かして協働して実践したりする。
　一連の実践の成果や課題を振り返り、次の課題解決に生かす。

資料2　学級会ファイル

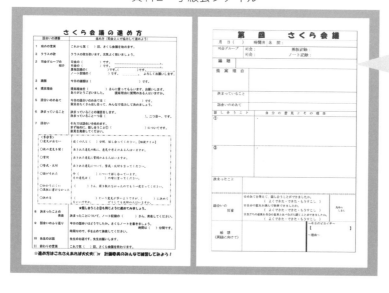

片側に司会台本、片側に学級会ノートを貼る。クラスカラーの台紙に貼るなどして、分かりやすくしておく。

事前の活動

① 問題の発見（議題の集め方）
  ・議題ポストへの提案
  ・朝、帰りの会での話題
  ・休み時間や給食時の交流
  ・係、当番活動の感想

② 議題の選定（計画委員会）

③ 議題の決定（学級全員）

④ 活動計画の作成（計画委員会）
  ・提案理由を明確にする
  ・めあて、話し合うことの決定
  ・役割分担
  ・決まっていることの確認

⑤ 問題の意識化
  ・学級会コーナーに議題や理由を掲示
  ・学級会ノートに記入
  ・学級会の進め方の確認とリハーサル
  （計画委員）

オリエンテーションを踏まえ、学級会とは何のためにあるのか、どのような時間なのか、など担任が意義や目的について繰り返し指導することが大切です。その上で、みんなでやりたいこと、作りたいこと、こまったなと思うこと、などの視点を示し、問題発見の力を育てましょう。

選定の際は、「全員で話し合うべき議題かどうか」「自分たちで解決できる問題かどうか」などの視点で整理しましょう。

提案者と一緒に、提案理由とめあてを整理します。
① 現状の問題点（今、こんな状況）
② 考えられる解決策（こうすれば）
③ 解決後のイメージ（こうなりたい、こうしたい）

提案理由とめあては、話し合い活動のよりどころとなるものですので、必ず担任も一緒に確認しましょう。

話し合い活動

⑥ 議題や話し合いの進め方の理解

⑦ 解決方法の話し合い

・出し合う
  …提案理由や話し合いのめあてに沿って、自分の考えを自分の言葉で発表する。徐々に理由も付けられるようになるとよい。出された意見は、事前に短冊に書いておく。
  （1年生が直接黒板に書くのは難しい。意見を分類する際に操作しやすい）

・くらべ合う
  …質疑応答、共通点・相違点の確認、意見の分類・整理・合体などをしながら、より良い解決方法を探る。

・まとめる（決める）
  …折り合いをつけながら**合意形成**を図り、全員の総意としてまとめる（決める）。

計画委員として自分たちで活動できるようにするために、初めは全ての役割を担任が行い、手本を示しましょう。少しずつ、「指名役」「進め役」「貼り役」というように、簡単な役割から経験させます。やり方については繰り返し丁寧に指導しましょう。慣れてきたら、役割を増やすなどの工夫をして、自信を持たせることが大切です。

決まったこと、役割分担、当日までの予定などを、学級会コーナーに掲示して、常に確認できるようにしておきましょう。実践意欲を継続させることにもつながります。また、朝の時間や学級活動の時間などでも準備の時間を確保し、臨機応変に対応しましょう。

事後の活動

⑧ 決めたことの実践
  ・「みんなで話し合って決めたことは、協力して準備し、必ず全員で実践する」ということを徹底する。

⑨ 振り返り
  ・協力して準備し、みんなと楽しく参加できたか（個人）
  ・友達の良かったところはどこか（学級全体）
  ・これからクラスの一員として自分にできそうなことは何か（所属感、有用感）。

⑩ 次の課題解決へ

みんなの前で手を挙げて発表する、という経験をたくさんさせましょう。「はい、はい」と、とにかく何でも言いたい時期ですので、出し合う時間を長く取るなどの配慮をしましょう。低学年のうちに意見を発表する経験を多く積めば、学年が上がってからの学級会への取り組み方が変わってきます。また、ある程度意見が決まっている場合は、先に短冊に書いておくことで、黒板記録の子供は慌てずに仕事ができます。

全ての活動が終わったら、実践内容についての写真や学級活動の足跡を残し、達成感を高めるとともに、次の課題解決の意欲づけにしましょう。

◎提案理由の整理（議題例：あきのおまつりをしよう）

子：先生、みんなで秋のおまつりをしたい！
先：どうして秋のおまつりをやりたいの？
子：秋になったら、はっぱとかどんぐりとかたくさん
　　あって…。それでみんなと遊びたいと思ったの。
先：そうなの。遊ぶなら休み時間にできそうだね。
子：うん。でもこの前、<u>生活科の時間にみんなで秋見つけして、はっ
　　ぱとかどんぐりとか、秋のものたくさん拾ってきたから。</u>

　　（→今の状況）

先：そうだったね！それで？
子：<u>そのはっぱとかでみんなで何か作って遊びたいと思ったの。</u>

　　（→考えられる解決策、こんなことがしたい）

先：そっか。秋のおまつりをしたら、何かいいことありそう？
子：うん！<u>みんなと協力して作るから仲良くなれる</u>。それに、おまつりだから<u>楽しい</u>。
　　あと、<u>生活科の秋の勉強になる</u>！　あ、<u>作るから図工の勉強にもなりそう</u>！

　　（→未来の状況、こうなる、もっとよくなる）

先：なるほど、いいことたくさんあるね。それじゃあ、にこにこ会議に提案してみん
　　なに聞いてみようか。

このように、一問一答形式で聞き取りをすると、整理しやすくなります。

図1　学級会板書例

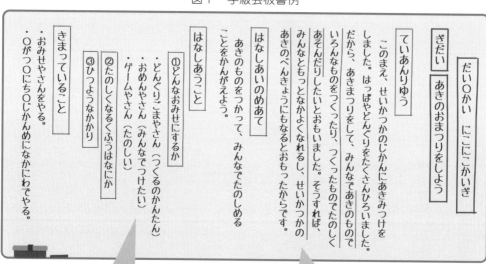

くらべ合う際やまとめる際のヒントになるので、出された意見の理由やキーワードを書いておくとよい。

話し合いで大切にしたいことに注目させるために、提案理由のキーワードに、ラインを引いたり色分けしたりするとよい。

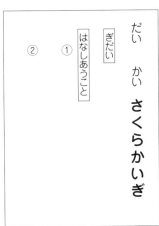

計画委員のメンバーを確認できるようにする。
次回の議題を掲示し、意欲喚起させる。

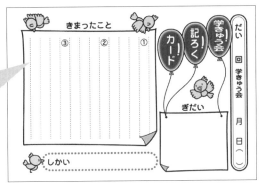

無理なく書けるよう、
決まったことが分かる
簡単なものでよい。

資料3　ノート記録（計画委員）

4. 学級会の留意点

　学級会は、子供たちの学級・学校生活をより良くしていきたいという願いを生かし、子供が自分たちで合意形成を行い、実践するまでの一連の活動を繰り返しながら深めることが大切です。自発的・自治的な活動を促すためには、年度当初の丁寧なオリエンテーションで、学級会の進め方や計画委員会の役割の確認をしましょう。

　また、担任は基本的に子供たちの話し合い活動を見守る立場ではありますが、低学年においては、初めは全て担任が行います。少しずつ分かりやすい役割から経験させ、回数を重ね慣れてきたら、または議題によって少しずつ自分たちでできるよう、段階を踏んで取り組んでいくとよいでしょう。

── 参考文献 ──

・文部科学省『小学校学習指導要領（平成29年告示）解説 特別活動編』（東洋館出版社）
・文部科学省 国立教育政策研究所教育課程センター『みんなで、よりよい学級・学校生活をつくる特別活動（小学校編）（特別活動指導資料）』（文溪堂）

10 給食指導
－気持ち良く食事をしよう－

1. 給食指導の基本的な考え方

　給食指導は、給食の準備、会食、片付けなどの一連の指導のことで、実際の活動を通して、毎日繰り返し行われます。「正しい手洗いの仕方」「配膳方法」「食器の並べ方」「箸の使い方」「食事のマナー」などを体得させるための時間です。日々の指導は担任が行いますが、運営や指導方法については、学校全体で系統立てて取り組むことが大切になってきます。

　給食指導における主な指導項目とその内容は、以下のようになります。

給食指導	指導項目	指導内容
準備	食事環境	・楽しく気持ちの良い食事ができるよう場を工夫する。 （入学当初は、教師が前に座って子供も前向きで食事をすることで、時間内にマナーを守って食事ができるようにする。子供の成長に伴い、班での会食に移行する。） ・食事前にトイレを済ませ、正しく手洗いを行い、安全衛生に留意して食事の準備をする。 ・静かに待ち、食事にふさわしい環境を整える。
	当番児童	・子供の体調を把握し、身支度や手洗いなど食事の準備がきちんと清潔にできるようにする。 （給食当番健康チェック表等の活用）
	運び方	・重いもの、熱いものに配慮して、教室まで安全に運ぶ。教師が付き添い、責任と思いやりのある活動ができるようにする。
	配食	・一人分の盛り付け量、アレルギー食材のある子供の確認をする。 ・献立にふさわしい衛生的な盛り付けや、正しい食器の並べ方を伝える。 ・食が細い子供は担任と相談し、配食量の調整をする。

会食	あいさつ	・感謝の気持ちを込めてあいさつをする。
	会食中	・食器の持ち方、並べ方、食事中の姿勢など基本的な マナーを身に付けることができるように見守る。 ・落ち着いて食べることができるように、食べる時間を 確保する。（約20分間） ・おかわりの時間ややり方、お残しの時間を設定する。
片付け	片付け方	・みんなで協力し、手順良く片付けられるようにする。 （一人ずつ片付ける。または班で一斉に片付ける。）
歯磨き指導	歯磨きの仕方	・食事の後に歯磨きをする習慣をつくる。 （給食指導後の保健指導）

（参照：文部科学省「食に関する指導の手引―第二次改訂版」（平成31年3月））

2. 給食当番のシステム

　給食当番は、基本的に1週間ごとに変更します。給食着は、学校によって全員が着用する場合と、当番のみが貸し出しエプロンを着用する場合があります。学校のシステムにより、給食当番の人数も変わってきます。

　輪番制は、名簿の順が一番分かりすく平等感のある方法です。席順などの班で当番をする場合は、席替えをすると2週間連続で給食当番をすることになる子供もいるので、配慮が必要になります。

　また、学校によって給食室まで取りに行く場合と、教室前に配膳される場合があるので、学校・学年で話し合い、当番のより良い仕方を考えましょう。

（1）教室前まで給食が配膳される場合の例

　教室前に置かれる場合には、給食当番の人数は6名程度でできます。その場合は、細かい指示を出さなくても、教室内に協力して運ぶことができるので、細かい当番表はなくても大丈夫です。

　「おぼん→スプーン→牛乳→ストロー→ごはんまたはパン→おかず①→おかず②→汁物」の順番に並べ、6人で分担します。自分がしたい当番をすることで、スムーズに配食することができます。また、おかずやデザートなど、毎回配食できる人数も変更があるので、役割分担を決めずに臨機応変にした方が子供も考えて行動することができます。また、汁物などやけどの危険性があるものは教師が配食し、子供がおぼんに載せる役割をするとよいでしょう。

（2）給食室まで給食を取りに行く場合の例

　長い廊下を重たいものを持って歩かなければならないので、公平に仕事分担をすることができるように、給食当番表を作成するのも一つの方法です。教室を出発する前に自分の運ぶものを確認し、その順番に並んで活動をするとスムーズです（確認しやすいように給食当番表は、廊下のドア付近に掲示しておきます）。おぼんや食器など2人で運ばなければならないものも多いので、当番の人数は8〜10名程度がよいでしょう。

　なお、食缶の数などは、日によって変わります。給食当番になっても配食を手伝うことができない子供も出てきますので、その場合は給食当番の給食を配膳する係に任命するなど臨機応変な対応が必要になります。

3.　配膳の仕方

　配膳台は、黒板前に置いた方が、子供たちが流れの確認をしやすく、教師の目も行き届きます。

　給食当番の準備ができたら、子供たちは一方通行になるように並び、おぼんから順に受け取っていきます。その際に、席順に端の人から並ぶようにするなど、順番を決めておくと長蛇の列にならず、トラブルが少なくなります。

　教室後方で配膳する場合は、日直が前に出て、準備ができた班から順番に声を掛け、席を立つようにするとよいでしょう。

　配膳台に置く順番は、先述したように廊下側から「おぼん→スプーン→牛乳→ストロー→ごはん又はパン→おかず①→おかず②→汁物」です。おぼんを両手でしっかりと持ち、順番に受け取り、各自の席に着きます。教室を歩く流れも一方通行にすることで、ぶつかってこぼしてしまうなどのトラブルを避けることができます。

　配膳の際には、給食当番にお皿に載せる配食量と、アレルギーの子供の有無の確認をしてから始めます。大食缶は、汁物のことが多いので、教師が配食することをお勧めします。うずらの卵やすいとんの数など、子供では調節しにくいものがあるので、気を付けましょう。

　コロナの影響で、配食後に減らすことができなくなっていますので、配食時に当番児童に「少なめで」など、短い言葉を小さな声で頼みながら配食することで、残さず食べることができる子供が増えます。

　配食の際に、ごはんと汁物の位置を間違えないように置くことも大切です。当番児童の配膳は、隣席の子供やお手伝いをしたい子供にお願いします。

4. 食事中の指導

　全員の配食が終わったら「いただきます」をします。「感謝の気持ちを込めて、いただきます」や「残さず、よくかんで食べましょう。いただきます」など、あいさつを工夫しましょう。

　給食では、苦手なものもなるべく一口くらいは、食べることができるようにします。近年は、苦手なものに挑戦をさせない家庭も多く、食べることを強要することは求められていません。子供たちが楽しく気持ち良くマナーを守り、いろいろな食材を口にすることを目指して、給食指導をしましょう。

　教師は前方の席で食べ、子供たちを見ながらニコニコと美味しそうに食べていると子供たちのマナーも良くなっていきます。しっかりお皿を持って食べている子供や箸の使い方がきれいな子供を見つけて褒めたり、お皿を持っていない子供に教師が持って食べることで気付かせたりします。欠席児童の余りの分はおかわりとし、食べたい子供を集め、話し合いで決めると公平です。

5. 片付けの仕方

　1年生の子供は、食べる速さの差が大きく、残す量も初めは多いので、一人ずつ片付けることをお勧めします。約15分後に食べ終わった子供から片付け始めると、約10分で片付けが終わるので、食べるのが遅い子供は、約25分間食べることができます。食事開始から20分後には、残しのある子供も片付け始め、25分後には、「ごちそうさま」のあいさつをするようにすると、スムーズです。

　15分後に食べ終わった子供は、片付けの準備や手伝いをすることで、手間取る片付けも上手にすることができます。片付けも一方通行にすると、丁寧に片付けることができます。

　片付けた後は、歯磨きの準備をして、静かに着席をします。歯磨き終了後に、給食当番の子供からうがいをして、給食室へおぼんなどを返却に行きます。給食室へ行っている間に、その他の子供には掃除を始めることができるように指導をしておけば、1年生でも自分たちでしっかりと活動することができます。

11 清掃指導
―教室も心もピカピカに―

1. 清掃活動について

　清掃活動は、健康安全に対する意識や役割、働くことの意義を学ぶ上でも大切な時間です。子供たちが「やらされている」のではなく、「進んでやろう」とやりがいや楽しさを感じられるような時間にするための工夫が必要です。

2. なぜ掃除をするの？

　清掃活動の意義を伝え、意識を高めます。学年に応じて説明の仕方は変わると思いますが、1年生には、きれいになることの気持ち良さを伝え、意欲を高めてあげられるとよいでしょう。例えば、次のような感じです。

> 　みんなが使っている教室や廊下をきれいにすると、きれいになった教室たちもうれしくなるし、それを見ると自分たちもうれしい気持ちになります。教室をピカピカにするとみんなの心もピカピカになります。反対に、掃除をしないで汚い教室のままだと、気持ちも暗くなって、体の具合も良くなくなってきます。だから、みんなが気持ち良く過ごすために、協力して掃除をがんばりましょう。

3. 掃除用具を大切に正しく！

　学校での掃除は1年生にとって初めてのことです。雑巾やほうきの正しい使い方を知ることも大切な学びです。また、正しく使うことは物を大切に使うことにもつながっていくので丁寧に指導します。

（1）雑巾の絞り方

　握り絞りや横絞りではなく、しっかり水をきれる縦絞りを身に付けさせます。

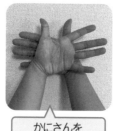
かにさんを

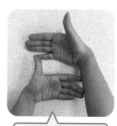
たてにずらして

ギュッと絞ろう

(2) 雑巾の拭き方

　1年生は、手の大きさが小さく力も弱いので、雑巾を半分に
たたんだ大きさだと、拭くときにぐしゃぐしゃになってしまいま
す。2回半分にたたんで拭くと、ちょうど手のひらほどの大きさ
になり、力が入れやすく、しっかり拭くことができます。

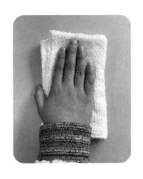

　奥から手前に拭くと一度掃除した場所を踏まないで済みます。
また、きれいになったところも確認できるので、やる気も高まり
ます。後ろに進みながら「コの字型」に拭きます（**図1**）。

図1　「コの字型」

子供が拭いているときに

ながーく横（右）、
ちょっと縦（下）、
ながーく横（左）

と声を掛けます。

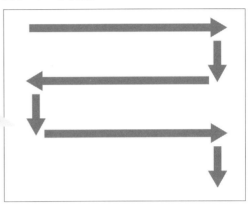

(3) ほうきの使い方

　勢いよく動かしてごみが舞い上がってしまうことのないように、「床の上をそっとなでる
ように」と声を掛けます。掃くときには、目の前のごみだけを追って進む子もいるので、ご
みを残さず掃くために「へびさんすすみ」をします（**図2**）。

図2　「へびさんすすみ」

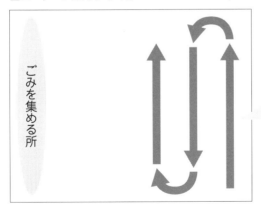

ごみを集める所

ごみを集める方向に向
かって、へびが進むよう
に一列ずつ掃いていき
ます。

　初めのうちは、先生が先頭に立って動きを見せてあげ、子供たちを後ろについて来させま
す。慣れてきたら、子供たちだけでもできるようになります。

4.「だれが」「どこを」が分かるように分担

中学年や高学年になると、細かく分担をしなくてもおおよその分担を示しただけで、自分たちで相談して決めることができます。一方、1年生の場合は、自分の仕事が分かりやすいように分担すると掃除の仕方が身に付き、自分の役割に責任感を持つようになります。

表1　清掃分担表の例

子供の氏名

ほうき	ちりとりまえ	○○○
	ちりとりうしろ	△△△
ほうき		○○○ △△△
ぞうきん	バケツじゅんび	○○○
	バケツかたづけ	△△△
ぞうきん		○○○ △△△
ながし		○○○ △△△
つくえたな		○○○ △△△
ぞうきん	バケツじゅんび	○○○
	バケツかたづけ	△△△
ぞうきん		○○○ △△△

ぞうきん		○○○ △△△
はいぜんだい こくばん		○○○ △△△
すみずみ		○○○ △△△
すみずみ		○○○ △△△
ろうかほうき		○○○ △△△
ろうかぞうきん	バケツじゅんび	○○○
	バケツかたづけ	△△△
ろうかぞうきん		○○○ △△△
くつばこ		○○○ △△△

清掃分担表は、円盤のものや表のものなどさまざまなものがありますが、細かく分担を記載する場合は、表の方が分かりやすくてよいでしょう（**表1**）。その場合、氏名の部分をマグネットやマジックテープで動かせるように工夫して作ります。一覧表には、分担場所の他に簡単な手順を書いておいてもよいと思います。

最初の清掃当番が慣れてきたら、1〜2週間程度の周期でローテーションをしていきます。雑巾やほうき等の使い方、手順などを全体指導しておくこともももちろん必要ですが、それだけでは身に付きません。初めのうちは、6年生が一緒に掃除をしてくれたり、教えてくれたりする学校もあります。1年生の場合、清掃場所は自分たちの教室とその廊下であることが多いので、巡回しながら指導もしやすいですが、それでも毎回全員に指導していくのは難しいものです。

そこで、ローテーションをするときに、「ベテランさんペア」と「新人さんペア」を作ります。「ベテランさんペア」は前の周期にも同じ場所を担当しているため、新しくその清掃担当になった「新人さんペア」に清掃の仕方を教えます。「新人さんペア」も次のローテーションでは「ベテランさんペア」として教えてあげることになります。「教える」という目

的が加わることで、子供たちは清掃の仕方をより一生懸命覚え、次の「新人さんペア」に目を輝かせながら教えます。それでも、全員が掃除の仕方を身に付けるまでには時間がかかります。巡回しながら丁寧に指導し、励ましの声を掛けていくことが必要です。

表2　ローテーションの例

ほうき	ちりとり	うちだ	← 清掃ペア
	ちりとり	おがわ	
ほうき		おおつか	
		かまの	
ぞうきん	バケツじゅんび	ひろせ	
	バケツかたづけ	もり	
ぞうきん		やなせ	
		よしの	

前の周期にほうきも担当しているおおつかさんとかまのさんは「ベテランさん」として、「新人さん」のうちださんとおがわさんに教えてあげます。

マグネットやマジックテープなどで動かせるように

5．後片付けまでしっかりと

　教室や廊下がせっかくきれいになったのに、「掃除用具が出しっぱなし」「掃除用具入れが乱れている」なんてことがないよう、後片付けの仕方も丁寧に指導しましょう。掃除用具が片付いた状態を写真に撮り、掃除用具入れに掲示しておくと、「このように戻せばいいんだ」と子供たちにも分かりやすいでしょう。

　自分たちの清掃分担場所がどのような状態になれば終了になるかを伝えておくと、清掃を「やったつもり」だけでなく、「がんばった」という達成感を得ることができます。清掃終了の確認や反省を行い、可能な範囲で評価をしてあげると、次の清掃に向けて意欲が高まります。

6．清掃を褒める時間に

　清掃の時間に、子供たちと一緒に掃除をしているとさまざまな姿を目にします。教室の隅から隅まで雑巾がけしている子、黒板がきれいになったかを教室の後ろから見て確認している子、ちりとりの使い方を友達にやさしく教えている子など、子供たちのがんばりや成長を感じる場面がたくさんあります。「こんなに雑巾が真っ黒になったということは、それだけ教室がきれいになった証拠だね！」「床がピカピカになって気持ちがいいね！」と、そうしたがんばりを言葉にして伝えていきましょう。「一生懸命やってよかった！」「きれいになってすっきりした！」などと清掃活動に楽しさややりがいを感じ、子供たちの心もピカピカに磨かれる時間になることでしょう。

4月中旬〜1学期末の
学級経営

　1学期は、授業参観や保護者懇談会などを通じて、保護者と信頼関係を築くことも大切です。このPARTでは、家庭との連携を中心に4月中旬〜1学期末の学級経営について解説していきます。

1 授業参観
―「見せる授業」に向けた準備―

1. 初めての授業参観

　入学して半月ほどがたち、そろそろ学校生活に慣れてきた頃、午前中授業も終わって初めての授業参観が行われます。子供たちにとっては、精一杯勉強をがんばっている自分の姿を、お家の人に見てもらえるチャンスです。保護者にとっても、自分の子供がしっかり授業を受けているか、担任の先生はどんな授業を行うかが気になる頃でしょう。1年生の1番初めの授業では、子供たちが

> ●しっかり話を聞いている
> ●課題にしっかりと取り組んでいる
> ●お友達と仲良く過ごしている

姿を見せることが大切です。その様子が見ている保護者に伝わるように、「見せる授業」の準備をしていきましょう。

2.「見せる授業」と「普通の授業」

　では、「見せる授業」と「普通の授業」は、どう違うのでしょうか。普通の授業だと、普段やらなければいけない文字指導、計算指導、もしかしたら、宿題の確認等もしているかもしれませんが、「見せる授業」は違います。
　「見せる授業」は

> ●一人一人の子供の活躍が見られる楽しい授業
> ●親子で一緒に活動しながら学べる楽しい授業

である必要があります。思い浮かべやすいのは、学年末にある「学習発表会」でしょう。一人一人に必ず発言する場があり、自分の個性を「学習発表」という形で表現できるからです。
　ただし、1年生の一番初めは少し違います。1番初めは

> ●規律が整っている

ことを見せることが大切です。学級内と授業のルールがどうなっているのかが分かり、その中で子供たちが楽しく学んでいる姿を見せられるよう準備しましょう。

3. 授業の構成

ここでは、国語と算数の授業例を紹介します。

(1) 国語「どうぞよろしく」

> めあて……友達をたくさん増やすために名刺交換し、自己紹介をし合う。
> 事前準備…あらかじめ名刺は書いておく（1枚書いたものを4枚コピーして色塗り
> までしておく。）

導入	展開	まとめ
自分の好きな物を書いた名刺を作る 名刺交換のやり方を確認する	名刺交換を行う ミッション① ミッション② ミッション③	名刺をノートに貼る 感想発表

「今日は、お友達に自分のことをもっと知ってもらうために名刺交換をします。この間、名刺は作りましたね。みんなとても上手に自分の名前が書けていて、先生びっくりしました。今日はもう一枚、スペシャルカードを初めに作ります」
と言い、名刺の紙を見せます。色上質紙を用意しておくと、「わー、今日の紙は色がついている〜！」と子供たちは目を輝かせます。
「お家の人に、自分の名前がしっかり書けるところを見てもらいましょうね。」
このように話すと子供たちは、「この間は大成功だった。今日もがんばるぞ！」と、やる気満々で授業をスタートさせることができます。その後、色のついた名刺用の紙を配ります。
この後から、クラスのルールが伝わるようにしていきます。具体的に、次のようなルールが挙げられます。

> ●相手にプリントを渡すときは、相手の目を見て渡す。
> ●受け取るときは、「ありがとう」と言って受け取る。
> ●受け取ったら、自分の正面に置き、姿勢を良くして待つ。

「5分以内に書きます。名前が終わったら、好きな物の絵を隣に書くんだったね。時間があったら色塗りをしてもいいですよ。ストップウォッチが鳴ったら、途中でも手を置いてね。では、鉛筆を持って〜」と言い、鉛筆の持ち方を確認し、「足はぺったん、背中はピン、お

なかと背中にグウーつ、左手置いて…さあ書こう！」と、書くときの合言葉を言って、子供たちに書かせます。

5分たったら、次は名刺交換の時間です。

「いよいよ、名刺交換です。まずやり方を説明します。誰か先生の相手役をやってくれる人？」と言って指名し、二人ほどデモンストレーションを行います。

「私の名前は○○です。好きな物は○○です。よろしくお願いします。」

この時、挙手の仕方、終わった後の拍手の仕方もここで確認します。

「では、まず隣の人と交換してみましょう。交換し終わったら座ってくださいね。」

子供たちはここで一度練習できるので、安心して名刺交換の活動に移れます。その後、手元に3枚残った名刺を次の三つのミッションに沿って交換していきます。

> ミッション①　出席番号の前後の人（1番は2番、3番は4番と）
> ミッション②　同じ係活動の人（3人だったらローテーション）
> ミッション③　同じ下校コースの人（ペアを自分たちで決める）

ミッションが上がるにつれて人数が増えるので、調整が大変にはなりますが、子供たちの実態も見えて楽しいところです。また、ここで、同じ下校コースの子が分かるので、保護者が情報を共有する良い機会にもなります。

「最後に今日のスペシャルカードです。スペシャルカードはお家の人に渡しましょう。『ありがとうございます』の一言も入れられるといいですね」と言って、お家の人に渡します。

1年生の最初の授業参観なのでほとんどの保護者が参加するとは思いますが、もし保護者が来ていない子供がいたときには、「先生に渡してね」と声を掛けておきます。

最後に交換した名刺をノートに貼らせます。全員が書いた名刺が分かるように、授業が終わったら掲示しておきましょう。

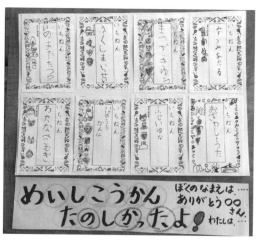

（2）算数「なんばんめ」

めあて……前からいくつ、前からいくつ分の違いを理解する。

導入	展開	まとめ
「さんはい」ゲーム	前から〇ひき、前から〇ひきめの違いを理解する。 練習問題に取り組む	お家の人と何番目ゲームをする 感想発表

　「今日は、なんばんめゲームのスペシャリストになってもらいます」と伝えて、「1ばんさん」→「さんはい！」と言って確認していきます（「さんはいゲーム」は「さんはい」のリズムに合わせて手を上げるシンプルなゲームですが、1年生の子供たちは大好きです）。

　ここで、「2ばんまで」と言葉を変えてみます。

　「違いはなんだった？」「まで、が入っていた」「まで、が入ったってことは1ばんも手を上げるってことだね。このように一つの言葉が入るだけで、数が変身することを今日は学習していこうね」

　このように伝え、「なんばんめ」の板書とプリント問題に入ります（先ほど国語で見せたクラスのルールも、ここで確認しながら問題を解いていきます）。

「この問題の違いは何？」
「前から3ばんめ、と、『め』が入っている。」
「前から3ばんは、前から3つ分。」
「前から3ばんめは、前から3つめだけ。」

　ここで、「『め』がつくと一つだけ」のキーワードを確認していきます。

　ワークシートの問題を解いたら、なんばんめゲームをします。ポイントは、「『め』がつくと一つだけ」の掛け声から始めることと、前に番号順に並ばせることです。

　まず、出席番号の1番から順に「1ばんめ」と言っていき、その後バラバラにし、「10ばんめ」→「さんはい」、「前から10ばん」→「さんはい」と徐々にレベルアップしていきます。間違えたら、座るなどのゲームを取り入れてもよいでしょう。

　最後に保護者の方も加わってもらい、前から番号を数えていきます。教師が「〇ばんめ」と言ってもいいですが、やってみたい子供に「〇ばんめ」と言わせても、盛り上がります。保護者も簡単に参加できるお勧めの実践です。

2 保護者懇談会（4月）
―つながりを築く場―

1. 担任と保護者、保護者同士をつなぐ懇談会

　保護者懇談会は、保護者に学校や学級の様子を伝える場であり、家庭での様子を聞く場でもあります。また、保護者同士の情報交換の場ともなります。保護者に直接話をする機会は限られています。担任の考えや思いを伝え、お互いに理解を深めていかなければ…と頭で分かっていても、緊張するものです。担任と保護者、保護者同士のつながりを築き、有意義な時間になるよう準備、運営をしていきましょう。

2. 保護者懇談会に向けた準備

（1）学年会等で、学年共通で話す内容を確認し、資料を作成

　保護者懇談会で伝える内容について、学年で足並みをそろえて伝える内容と、自分の学級だけに関わる内容に分けて整理し、時間配分をメモしておきます。

（2）懇談会の内容を事前に知らせておく

　学級通信等で、保護者懇談会の内容（次第など）を簡単に伝えておくと、保護者の心づもりもできますし、開催のPRにもなります。

（3）教室環境を整える

　子供たちの学校生活や学習の場を知ってもらうために、教室や廊下に子供たちの作品や授業での成果物等を掲示します。4月の懇談会には、「はじめてかいたなまえ」や図工で描いた「すきなもの」の絵などを掲示しておくと、1年生が楽しく学習に励んでいる様子が保護者にも伝わります。

（4）当日の出席名簿や座席札を作成

　保護者の名前と顔が分かるように、座席表を用意します。子供たちに絵や色ぬりをさせるなど、一緒に作るとかわいい座席札ができます。

メッセージを書かせてもOK。
「今がんばっていること」
「はまっている遊び」など

子供の顔写真付きの座席札にすると保護者同士
も子供たちのことをよく知ることができます。

本日は、ご多用の中ご出席いただきありがと
うございます。資料をお取りください。

懇談会
資料

名簿

出席へのお礼

図　教室入り口の机　例

3. 保護者懇談会の運営の工夫、留意点

（1）写真や映像を活用

　子供たちの様子について、大型テレビ
に写真や映像を映しながら話すと担任も
話しやすいですし、保護者にも好評で
す。入学から保護者懇談会までさほど期
間はないと思いますが、「1年生を迎え
る会」や「初めての給食」「休み時間」
「学校探検」などについて、エピソード
を交えて話すと、学校生活や学習の様子
が伝わり、保護者も安心します。

（2）子供たちへの事前アンケートを活用

　子供たちの学校での様子や実態を知ってもらうため、事前に簡単なアンケートを取ると
いう方法もあります。4月の懇談会までに聞くのは難しいかもしれませんが、「得意な教科」
「クラスの良いところ」「家族に言われてうれしい言葉」などアンケートの結果を見せれば、
子供たちやクラスの雰囲気を知ってもらうこともできます。

（3）ミニグループ懇談タイム

　保護者同士の横のつながりを深めたり、子育ての情報を共有したりするために、ミニグ
ループ懇談タイムを設けるのも効果的です。全体だと話しにくくても、少人数だとリラッ

クスして話しやすくなります。「お手伝いについて」「テレビやゲームについて」「夜寝る時間について」「家庭学習について」など、あらかじめテーマを決めておくとよいでしょう。事前に保護者にどんなことについて話し合ってみたいか、アンケートを取ってもよいと思います。

（4）座席の配置

お互いの顔が見え、安心した雰囲気をつくるため、コの字型、ロの字型、円型などの座席配置が一般的です。

（5）欠席した保護者への対応

参加できなかった保護者に向けて、懇談会での質問や回答、担任の話を記録したものを届けるようにすると、自分自身への記録にもなります。

（6）待っている子供への対応

1年生の場合、「家に子供を一人で待たせておけないので、学校で待たせてほしい」と要望されたりすることがあります。その場合は図書室などで預かり、対応するようにしている学校もありますが、そうした取り決めがない場合は、学年あるいは学校全体で事前に確認しておく必要があります。

4. 1年生4月の保護者懇談会の内容・進行例

1年生の4月の保護者懇談会は、内容が盛りだくさんです。伝えたいこともありますし、購入した教材の配付や名前書きなどの作業をすることもあります。

4月懇談会進行例	
1　担任あいさつ、自己紹介	5　年間行事予定
2　保護者自己紹介	6　保護者から
3　学級経営の方針	7　PTA役員決め
4　学校生活の様子「生活面」「学習面」	8　連絡

1年生4月の保護者懇談会の講話例

　本日はお忙しい中、初めての保護者懇談会にご参加いただき、ありがとうございます。1年2組の担任をさせていただいております○○○○と申します。子供の頃は、絵を描くことやお話を作ることが大好きでした。友達と見せ合って楽しく過ごしたことを今でもよく覚えています。1年2組の子供たちにも、学校で学ぶ楽しさや友達と関わる楽しさをたくさん感じてもらいたいと思っています。

　入学式から約1週間がたちましたが、どの子も毎日、元気いっぱいあいさつをしてくれます。当たり前のようですが、なかなかできないことです。ご家庭が温かく励まし、学校へ送り出してくださるおかげです。素晴らしい子供たちを担任できることの喜びと、大切なお子様をお預かりする責任を強く感じています。小学校生活の全てが「初めて」の1年生にとって、学校で過ごす時間はかけがえのないものです。各ご家庭と心を合わせて、お子様一人一人の成長に力を尽くしていきたいと思いますので、どうぞよろしくお願いいたします。

　それでは、皆様に自己紹介をしていただきます。ご自身とお子さんのお名前の他に、「お子さんの良いところ」を一つずつお話しいただけたらうれしく思います。

（保護者の自己紹介）

　ありがとうございました。お子さんの良いところは、ご家庭で育まれた素敵な宝物だと感じました。学校でもその部分を大切に輝かせていきたいと思いました。

　学校では、お子さんの良いところを伸ばしながら、知・徳・体の力を高めていきたいと思います。そのために、学級で大切にしたいのは、「話をしっかり聴く」ことです。1年生は学校のルールや学習について、学ぶことがたくさんあります。教師の話をしっかりと聞き、学んでいけるよう、丁寧に指導していきたいと思います。学習活動でも、友達の話をしっかり聞くことで、みんなで学び考える楽しさを味わうことができます。また、「聴く」ということは、相手の心を大切にすることでもあり、友達を大切にするクラスにしていきたいと思っています。保護者の皆様も、ご家庭でお子さまから学校での様子などをじっくり聴いていただきたいと思います。子供たちは新しい学びや発見を聞いてもらえることで、次の意欲につながります。また、何か変化があったときにはいつでもご連絡ください。学校と家庭が両輪となって、お互いに連携を図っていくことが、子供たちの成長につながると思っています。これから1年間、子供たちと共に、楽しく仲良いクラスをつくっていきたいと思います。本日は、ありがとうございました。

3 保護者懇談会（6月）
―子供の夏休みが初めて
　　という保護者もいる―

1．6月懇談会の進め方

　6月末の懇談会では、クラスの良いところを中心に伝えるとともに、2学期に向けて学級経営がよりスムーズにできるよう、お願い事もしっかりと伝えることが大切です。また、初めての夏休みを迎えるにあたり、各学校から出る「夏休みの過ごし方」や「プール教室」、「学校図書館の使い方」など、大切な情報も伝えます。保護者の中には、初めてのお子さんの夏休みという方もいるので、丁寧に説明しましょう。

　6月の懇談会は、学級掲示を学年でそろえておくことも大切です。例えば、「雨降りの絵」「読書列車カード」「クラスの写真」「硬筆作品」などです。学年の実態に合わせて掲示物も工夫しましょう。

2．懇談会の構成

　6月の保護者懇談会の構成は、右に示した通りです。ここでは、「1学期を振り返って」の部分にフォーカスして、伝えるべき事項を解説していきます。

> **保護者懇談会（6月）の構成**
>
> （1）1学期を振り返って
> （2）通知表について
> （3）夏休みについて
> 　　　○課題　　○プール
> （4）その他
> （5）PTA役員さんから

（1）生活面

　基本的な生活習慣を中心に伝えます。以下にその一例を示します。

①子供たちの様子

〈褒めるところ〉

- **あいさつができる**…教室に入ってきたら「おはようございます」と大きな声で伝えられる子が多い。「はい」としっかり返事ができる。
- **外遊びが大好き**…休み時間に外へ行って体を動かしているから、授業に集中できる。休み時間のトラブルが少なく、時間を守って帰ってくるので、次の時間の授業がスムーズに進む。
- **係・当番活動**…声を掛け合って行っている。レク係の活動で、週2回クラスでまとまっ

て遊ぶ機会があり、団結力が高まっている。

● **クラス全体として**…男女関係なく仲が良くまとまりがあり、給食の時もどのグループも仲良く食べている。困っている子を放っておくことがなく、助け合って生活している。

②**お願い**

各家庭と協力してできることを伝えます。

● **整理整頓**…筆箱の中身についてのお願い。鉛筆6B×5本、赤鉛筆1本、消しゴム（ケースにも記名）「鉛筆は、毎日削ってください。新しく購入する場合は、入学式で配付した物のような無地を選んでください」と伝える。

● **忘れ物**…物の準備は本当に大切。学校の学習は準備で9割が決まる。忘れ物をしない。鉛筆を削っておく。机の中を整えておく。「準備が苦手なお子さんは人よりスタートが遅くなり、それでどんどんやる気が失せて悪循環に陥ります。もったいないので、忘れ物がないようにご家庭で一緒に確認してください」と伝える。

● **放課後の遊び方**…「お友達同士で遊ぶことが増えています。トラブルを避けるために、放課後の遊び方のルールをしっかりと確認してください」と伝える。

（2）学習面

　学習のルールで、できているところともう少しのところを伝えます。特に、「聞く」ことに関しては1年生の学習における最大のテーマです。以下の1年生1学期の学習内容とともに保護者に伝えましょう。

● **国語**……ひらがな五十音の読み書き、ひらがなの表記、「は」「へ」「を」の使い方、音読、鉛筆の持ち方、筆順正しく丁寧に書く、読書（読み聞かせ）
● **算数**……たし算、ひき算、20までの数、なん時なん時半
● **生活**……学校探検、あさがおを育てる・観察する、学区探検
● **図工**……絵や立体に表す（のり付け、はさみの使い方）
● **音楽**……のびのびと楽しんで歌う、鍵盤ハーモニカ（ドレミファソを5本の指で）
● **体育**……走る・跳ぶ、固定施設遊び、ボール遊び、おに遊び、水遊び

---

4 1学期終業式
―計画的に準備しよう―

1. 終業式を迎える前の準備

　懇談会が終わると、いよいよ終業式に向けての準備が始まります。終業式まで以下のことを計画的に進めていきましょう。

> ① 通知表の準備（成績、所見）　　⑤ 持ち帰り物の計画
> ② 会計報告の準備　　　　　　　　⑥ 学年、学級通信
> ③ 夏休みの宿題の準備　　　　　　⑦ お楽しみ会の準備
> ④ 学期末掃除

　学校によっては7月初めに、通知表の所見の下書きを管理職に見せます。日頃から少しずつ、子供たちの良いところや活躍を書き留めておけるといいですが、なかなか時間が取れないのも現実です。そういう時には、ネットや市販の本の「所見の書き方」例を参考にします。一覧をプリントアウトし、その文面が当てはまる子供の名前を記入していきます。ただ、そのまま写すのではなくその子供の顔を思い浮かべながら、アレンジするとよいでしょう。また、テスト類はなるべく早く終わらせておきます。

　学期末の掃除は、ワックスがけの前に床を水拭きしたり、机や引き出し、ロッカーなどの拭き掃除をしたりします。ワックスがけのときは机を廊下に出すので、最終週前の金曜日、もしくは短縮日課になったときにワックスがけを行い、元の状態に机を戻しておきましょう。

　持ち帰る物も、黒板に「〇曜日…絵の具、〇曜日…ロッカーの中の物」などと書き、帰りの会で必ず確認します。特に置き傘などは忘れやすいので、数日前に教室で手渡しするなどしましょう（もしくは学年下校があればそのときに確認します）。

　最終日まで残しておくのは、防災頭巾と雑巾、色鉛筆です。また、学期末にはお楽しみ会を行います。がんばった自分たちへのご褒美があると、子供たちの学習意欲も高まります。また、その時の写真を学期末の学級通信に載せると、子供たちも保護者も喜びます。

2. 終業式当日の伝達事項と留意点

　終業式当日の朝、まずは教室の黒板にタイムスケジュールと子供たちへのメッセージを書きます。その後、名札等の身だしなみ、トイレの確認をしてから終業式に臨みます。1年生

にとっては話も長く、少し大変な時間ですが、「1年生として、しっかり話を聞く立派な姿を見せようね」と式の前に伝えておくと「がんばろう」という気持ちで式に参加できます。

終業式が終わると、約2時間の学級活動があります。あっという間に終わってしまうので計画的に進めていきましょう。

次の（1）～（3）は、必ず行います。時間があれば掃除をします。1年生は何かを忘れて帰ってしまう子が必ずいるので、帰りの支度は余裕をもって行うようにします。

（1）夏休みの宿題の配付と連絡帳

夏休みの宿題は、プリント類なら必ず前日までに綴じておきましょう。表紙に夏休みのめあて、宿題の内容、振り返り、新学期に持ってくるもの等をまとめて書いておきます。学年だよりにも書きますが、宿題プリントには、ひらがなで1年生でも読めるように書きます。連絡帳を書くのが苦手な子供も、この表紙を見れば書けます。また、裏表紙にはぬり絵をつけておきます。早く書けた子はぬり絵を塗りながら待ちます。連絡帳に保護者からのメッセージがあるときは、ここで返事を書きます。

（2）夏休みの過ごし方

各学校の生徒指導部が出している「夏休みの生活について」をもとに、話をします。基本的には、①規則正しい生活をする、②安全に気を付けて遊ぶ、の2点で十分です。パワーポイントなどでイラストなどを交えた資料を作っておくと、毎年活用できて便利です。夏休みのプールについてもここで説明します。

（3）通知表配付

いよいよ1学期最後のメインイベントです。手渡しするときに、「1学期よくがんばってくれてありがとう。〇〇さんは、〇〇が本当に素晴らしかったよ」などと、一人一人に声掛けをして渡します。また、待っている他の子たちには、宿題プリントのめあてを書かせたり、裏表紙のぬり絵をさせたりします。待っている子が暇にならないように配慮すれば、通知表を渡すとき、一人一人に丁寧に声掛けをすることができます。また、通知表を見るときは、一斉に静かに見ることも伝えます。子供たちは他の子と比べたがりますが、1年生の1番初めに「通知表は自分の振り返りのため」ということをしっかり伝えましょう。

PART

4

2～3学期の
学級経営

きけん お金 時間

月 日 曜日 日直

　1学期はうまく行っていたのに、夏休みを挟んで急に学級が乱れ始めた…なんてことも珍しくありません。このPARTでは、そうならないための2～3学期の学級経営について解説していきます。

1 2学期始業式
―リスタートの日―

1. リスタートの夏休み明け

　1カ月以上の長い休みを終えて、担任や友達との再会を楽しみにしている子もいれば、生活のリズムが少し崩れてしまった子や久しぶりの学校に緊張している子もいます。心や体がまだ学校モードになっていない子もいるので、学校モードに戻してあげながら「やっぱり学校は楽しい！」「2学期もがんばろう！」と意欲を持てるようにしましょう。

2. 黒板にワクワクのメッセージ

　「みんなに会える日を楽しみにしていたよ」「2学期もみんなで楽しいクラスにしようね」「夏休みの思い出を聞かせてね」などのメッセージを板書しておきます。新学期の学校生活に対する期待が高まるような言葉を書きましょう。

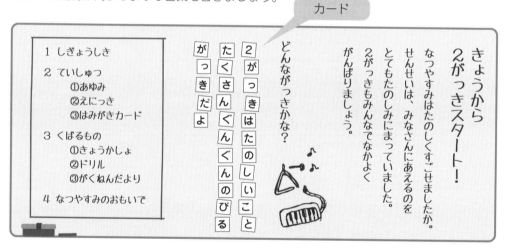

　子供たち一人一人の机の裏に、それぞれ一文字のカードをセロハンテープで貼っておきます。学級指導の時間に、座席順に黒板に貼らせ、みんなでメッセージを完成させます。「2学期ってどんな楽器（学期）かな。トライアングルみたいなきれいな音がするのかな。鍵盤ハーモニカみたいに曲が弾けるのかな。どんな楽器だと思う？」と投げ掛け、机の裏のカードを見つけさせます。

　ミニ黒板等に、始業式の日の流れや集めるもの、配るものを順番に書いておくと、子供にも分かりやすく、教師自身の確認にもなります。

3. 夏休み明けチェックポイント

(1) 子供の表情や声

　1年生は、体調や気持ちが表情や声に表れやすいものです。少し緊張している子もいるので、朝教室の入り口で表情や声の様子を見ながら、ハイタッチをして声を掛けてあげるのもよいでしょう。安心感をもって2学期をスタートできます。

　声が小さくても注意はせずに「会えてうれしいよ」と優しく見守り、明るく返事をする子には「2学期も元気がいいね」と前向きな言葉掛けをしていきます。

(2) 持ち物や身なり

　「久しぶりの学校だから、筆箱さんも元気かどうか確かめてあげようね」と、鉛筆がきちんと削られているか、消しゴム、赤鉛筆、定規など必要な文具がそろっているか、必要のないものが入っていないかなど、筆箱の中身を子供と一緒にチェックします。服装は清潔か、急に身なりが華美なものになっていないかなど、生活習慣の乱れがないか注意深く見守ります。学習用具や提出物の忘れなどが続く場合は、保護者に家での様子を聞くなど連携を取りながら支援していきます。

(3) 友達との関わり

　笑顔が少なく一人ぼっちで過ごしている子はいないか、仲の良い友達同士の会話などから1学期と変わったことはないかなど、登校後や休み時間の様子もよく見ます。心配な子には、声を掛けて話を聞いたり、一緒に遊びに誘ったりし、友達の輪に自然な形で入れるように優しくフォローしましょう。

4. 提出物は効率良く集め、意欲の高まる評価を

　始業式はとにかく集めるものが多いので、提出物を入れるトレーを複数準備します。登校後、自分たちで提出できる学年もありますが、1年生は始業式後にみんなそろってから集める方がよいでしょう。名前の順に集めると先生もその場で、名簿にチェックできます。宿題はその日のうちに目を通し、翌日には返却するのがベストです。

　夏休みの作品発表会をする場合は、子供の発表を聞きながら、作品カードにコメントを書きます。放課後に書くよりも時間がかからず、子供の思いに沿ったコメントになります。作品展に応募するものもあるので、校内の締め切り日を確認し、写真に撮っておきましょう。実物がなくても、写真を教室に掲示してあげることができます。

―― 参考文献 ――
・チーム・ロケットスタート（著）・多賀 一郎（編）『小学1年の学級づくり＆授業づくり 12か月の仕事術』（明治図書）

2 感染症予防
―必要な指導と環境づくり―

1. 感染症予防に努める

　風邪やインフルエンザにかかってしまうのは、仕方のないことです。感染が広がらないように、できる限りのことに取り組みましょう。特に1年生は、友達とくっついて遊んだり話したりすることが多いので、予防を怠ると感染が一気に広がる可能性があります。

2. 子供への指導

（1）体調が悪いときの伝え方

　子供たちには、「自分だけでなく、友達の具合が悪そうなときも早めに伝えるように」と話しておきます。うまく言葉にして言えない子もいるので、「いつもと同じ…0」「少しつらい…1」「我慢できないほどつらい…5」など、どのくらいつらいのかを5段階に分け、指で示してもらう方法もあります。

（2）手洗い、うがい、せきエチケット

　手洗い、うがい、せきエチケットの指導とともに、ハンカチ、ティッシュを毎日持ってくるよう指導しましょう。手順ややり方をイラストや写真とともに掲示しておくと効果的です。流しの天井に掲示物や「できたかな」のメッセージなどを張ると、上を向いてうがいをする習慣がつきます。

　天井に張る掲示物としては、例えば「あわあわ手洗いのうた」のポスター（花王のホームページからダウンロード可能）などが挙げられます。

（3）嘔吐物の処理

　子供が嘔吐した場合、感染拡大予防のため、他の子供たちには絶対に嘔吐物には触らせないようにします。消毒をする際には、嘔吐した子供が保健室に行った後に行うなどの配慮をします。また、周りの子供への事後指導も必要で、例えば次のように伝えるとよいでしょう。

> 　誰だって、吐いたら苦しいよね。笑われたり、嫌がられたりしたらもっとつらくなるよね。安心する優しい言葉を掛けてあげようね。

（4）環境づくりと保護者への連携

　教室の「換気」と「加湿」を心掛けましょう。加湿器が教室にない場合は、清潔な濡れタオルをハンガーにかけて教室内に干したり、霧吹きでカーテンを湿らせたりします。各家庭には、「早寝・早起き・朝ご飯」で免疫力を高めること、体温調整できるよう服装を工夫することなどを学年・学級便り等を通して伝えるようにします。

3.　新型コロナウイルスへの対応

　2020年から感染が拡大している新型コロナウイルスへの対策は、国からのガイドラインを基に、子供や地域の実情に合わせた対策が求められます。まず、学校全体としてどのような対策をするのか確認しておく必要があります。学級では、1年生が楽しく取り組めるような対策ができるとよいでしょう。

（1）「ソーシャルディスタンス」を保って楽しく並ぶ

　流しや教室内で「密」になりそうな場所で距離をとって並ばせたい場合は、足形やバス停マークを床に貼ります。マークのところで待ち、一人進んだら次のマークへ進みます。友達と間隔を開けて並ぶことができます。

（2）密にならない教室レク

　教室で、自分の席に座りながらできるレクとして、次のようなものがあります。

● 買い物拍手

教師が言う言葉が、テーマと合ったときだけ2回手をたたきます。

　（例）「お花屋さん」がテーマの場合
　　「ひまわり…○」　　「ギター…×」

● 並べ替えゲーム

紙に3〜5文字の言葉を書きます。その順番を置き換えて、どんな言葉が作れるかを考えるゲームです。

　（例）「ド」「セ」「ラ」「ル」「ン」 ➡ 「ラ」「ン」「ド」「セ」「ル」

―― 参考文献 ――

・チーム・ロケットスタート（著）・多賀 一郎（編）『小学1年の学級づくり＆授業づくり 12か月の仕事術』（明治図書）

3 2学期末〜3学期始めの 配慮と工夫
－1年生の「まとめの学期」という 意識を持たせる－

1. 2学期終業式には

クリスマスやお正月など、子供たちにとって楽しい行事がたくさん詰まった冬休み。健康で安全な冬休みにするために、1年生にも分かりやすい言葉で冬休みの約束を示します。

ふ	ふだんから 手洗いうがいをしっかりと
ゆ	夕方は交通事故に気を付けて
や	休みでも、早寝早起き朝ご飯
す	進んでやろう、お手伝い
み	みんなで元気に会おう3学期

コラム

おせち料理にこめられた意味

お正月に食べるおせち料理に入っている伊達巻き、昆布巻き、えび、豆、数の子などには、実は一つ一つ意味があります。例えば、昆布巻きには、「今年は良いことや喜ぶことがたくさんあるといいな」という願いが込められています。他のおせち料理の意味も伝えれば、子供たちのお正月がもっと楽しくなります。

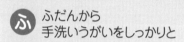

子供たちには、次のように語り掛けましょう。

明日から楽しみにしていた冬休みです。そのために一番大事なこと、それは『今日と同じ元気な姿で3学期の始業式に学校に来る』ことです。交通事故にあわない、病気やけがをしないなど、普段から気を付けていることを冬休み中もしっかりと守りましょう。冬休み中にしてほしいことも二つ話します。

一つ目は、『お手伝い』です。冬休み中に大掃除をする人も多いと思うので、自分ができるお手伝いにたくさんチャレンジしてください。二つ目は『お正月を楽しむ』ことです。日本に昔から伝わる行事や遊びに触れ、たくさんの発見をしてきてください。

他にも、干支や書き初め、正月遊びなど、日本の伝統文化について分かりやすく伝え、新年を迎える気持ちを高められるとよいでしょう。

2．3学期始業式には

3学期の始業式の日には、子供たちの健康観察をするとともに、冬休み中に大きな病気やけががなかったかを確認します。その上で、3学期は1年生の「まとめの学期」であるという意識、「2年生へのステップアップの学期」であるという意識を持って取り組めるよう、例えば次のように語り掛けましょう。

> 明けましておめでとうございます。約2週間ぶりに皆さんの元気な顔が見られて先生はとてもうれしいです。3学期はとても短いです。1年生のまとめと2年生になる準備をするのが3学期です。朝の様子を見ていると、先生が言わなくてもしっかり準備ができていました。今もきちんと先生の方を向いて話を聞くことができています。1学期、2学期とたくさんレベルアップしてきましたね。かっこいい2年生にどんどん近づいています。3学期はかっこいい2年生になるために、どんなことをがんばるか考えていきましょう。

【始業式の日の実践例】　● 3学期学級開きゲーム「冬休みバスケット」

「フルーツバスケット」を「大掃除で玄関掃除をした人」「おもちを3個以上食べた人」「すごろくをした人」など冬休みをテーマに行います。

図1　「3学期のめあて」（子供たちが記入）

図2　3学期始業式黒板例

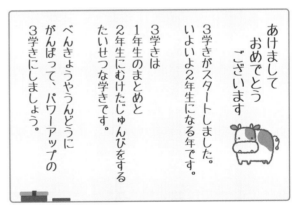

なかなか書けない子には「2年生までにできるようになりたいことやもっとがんばりたいと思っていることは何かな？」と声を掛け、一緒に考えます。3学期の間、月ごとに自己評価をし、達成マークに色を塗ります。2年生になる自分をイメージさせましょう。

4 学年最後の学級活動
―成長を感じ、感謝の気持ちを抱く―

1. 最後の学級活動に向けて準備をする

　1年生の1年間の成長は、他の学年に比べて大きく感じるものです。幼児らしさの残っていた4月から長い月日を経て、子供たちは学習や生活を通して、クラスの仲間と共に成長をしてきました。そんな仲間たちとの最後の思い出を作る「まとめの会」を学級会で企画し、話し合っていきましょう。

　最後の会を企画する前には生活科において、1年間の暦を振り返りながら、自分たちがどんな活動をして、どんな風に成長してきたかを振り返る活動があります。また、国語科では1年を振り返って、どんな思いで行事や学習をしていたのかを作文で表現し、文集づくりなどに取り組みます。そして、最後の授業参観では学習発表会を企画し、保護者の前で自分たちの成長を発表する活動をします。

　これらの活動を通して、1年間の成長を感じてきた子供たちが、3月の最後に自分たちの手でどのようなまとめの会を企画し、実行しようとするのかを学級会で話し合う姿は、教師にとって子供たちの成長を感じるうれしい瞬間です。では、具体的な進め方を説明していきます。

STEP 1 最後の会の名前を考える

　1年間を振り返り、最後の会にふさわしい名前を決めます。どんな思いで最後の会を企画するのか、話し合いの中で共通の思いが出てきます。具体的に、以下のような名前が出てきたりします。

> （例）1年〇組ずっとともだち会　　さようならかい
> 　　　1年〇組ありがとうの会　　　たのしい〇組の会

STEP 2 内容を考える

　実施する日、時間、場所だけを教師が確認し、あとは子供たちに任せ、最後の会で仲間としたいことを話し合って決めます。具体的に、みんなと一緒に遊んできたゲーム、みんなと学習して楽しかったこと、みんなと一緒に歌いたい歌などが出てくるでしょう。

最後の会のプログラム例

一　はじめのことば
二　うた「ようこそ一年生」
三　どろけい
四　よみきかせ　はっぴょう
五　とくぎ　はっぴょう
六　ばくだんゲーム
七　もぐらたたき・くじびき
八　うた「ともだちっていいな」
九　先生のはなし
十　おわりのことば

STEP 3　一人一人の役割を決める

　内容が決まったら、最後に係を決めます。「司会」「はじめのことば」「おわりのことば」「歌係」「ゲーム係」など、一人一人に会の中での役割を与え、全員が活躍できるようにしましょう。また、「飾り係」や「プログラム係」など、会の準備に必要な係も子供たちで分担します。こうした取り組みを通じ、子供たちは自分たちの力で会を運営できるようになったことを実感するでしょう。

2.　みんなで企画した会を成功させる

　当日は、子供たちが失敗しても温かい目で見守り、みんなで楽しく会を進められるようにサポートします。会の最後には「先生の話」をし、クラスの一員として子供たちにメッセージを送ります。みんなで作った学級目標をもとに素敵なクラスになったこと、みんなが成長して2年生になることへの喜び、たくさんのやさしさと思いやりのあふれる仲間たちへの感謝など、子供たちに伝えたいことを話しましょう。

　また、サプライズで先生からの出し物をしてもよいと思います。例えば、子供たちに伝えたいと思う絵本を読み、それに合わせてメッセージを送るなどすると、子供たちの記憶に残る会になるでしょう。

5 修了式
－1年〇組解散します－

1. 修了式の基本的な考え方

　一般的に学校行事としての修了式では、体育館で校長先生から「1学年を修了したことを証します」と修了証（通知表に記載されたもの）を学年代表の子供が受け取ります。そして、全児童の進級が認定されます。校長先生からは、1年間よくがんばったこと、成長したことを称賛し、次学年へ進級することの喜びを感じられるような話があることでしょう。1・2学期の終業式と違い、1年の締めくくりの式であることを意識した行事となります。

　一方、教室でもクラスの修了式を行いましょう。担任とクラスの仲間と一緒にがんばったこと、成長したことを共有し、2年生への進級に胸を膨らませて、クラスを解散できるように工夫します。修了式は、クラスの解散式という位置付けでもあります。

2. 修了式に向けた準備

（1）教室をきれいにし、新1年生を迎える準備をする

　机、ロッカーなど使ったものをきれいにして、新1年生に引き渡すことに喜びを感じられるようにします（行事：大掃除）。また、自分たちで飾り付けをした教室で、自分たちの成長を感じながら修了式を迎えられるようにします（生活科「2年生へ向けて」）。

（2）一人一人の良さを見つけて、がんばったで賞を用意する

　一人一人の良さを見つけ、賞状を作ります。担任からのプレゼントという形でもいいですし、子供たち自身に賞を考えさせてもよいでしょう。生活班で他の班の子供たちの賞を考えるなど工夫すると、楽しくなります。

- まどがかりがんばったで賞
- ともだちにやさしかったで賞
- はきはきはっぴょうできたで賞
- おそうじがんばったで賞
- けいさんはやいで賞　　　など

　なお、漢字や計算テストなど全員が合格できるように計画的に学習を進めておくことが大事です。

3. クラスの修了式の進め方

（1）修了証と〇〇で賞の賞状を受け取る

　1・2学期の終業式では、担任がコメントしながら通知表を渡していたと思います。3学期は、子供たち一人一人が主役になるような形で、修了証を渡します。渡すときには、一言コメントをし、賞状とともに渡します。クラスのみんなからの拍手も大切にし、進級できる喜びを全員で味わいます。

（2）今までの思い出やみんなに伝えたいことを発表する

　続いて、1年間の思い出、クラスの皆に伝えたいことを発表します。楽しかった思い出、ありがとうの気持ち、2年生への希望など、子供たちから温かいメッセージがあふれ出てくるでしょう。

（3）担任の思いを伝える

　最後に担任から、子供たちにメッセージを送ります（以下、参考例）。

> （絵本『ねこのピート』の読み聞かせをする）
>
> 　何が起こっても、ピートのように前向きに考えると楽しいね。「何があってもかなり最高！」この気持ちを忘れずにね。みんな今までありがとう。幸せいっぱいのクラスでした。1年〇組は、今日で解散です。1年生でがんばったことをもとに、2年生も楽しんでくださいね。

4. 別れの黒板

　修了式の前日に、別れの黒板を作成しておきましょう。担任として、子供たちへ伝えたいメッセージを書き、気持ち良くクラスの解散式（修了式）をしましょう。

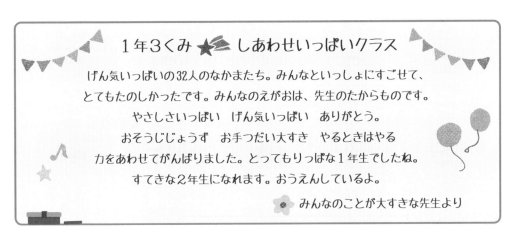

PART 5

いつでも使える！
学級経営の小ネタ＆小技

　学級というのは、担任のちょっとした工夫や働き掛けで、良い方向へ向くことがあります。この PARTでは、日々の学級経営で使える小ネタや小技の数々を紹介していきます。

1 子供の主体性を 伸ばす小ネタ&小技
ー1年生は「やりたい！」に満ち溢れているー

1. 1年生の主体性を伸ばすには、とにかく「褒めちぎる」

　新学習指導要領の全面実施に伴い、「主体的・対話的で深い学び」の実現に向けた授業改善が求められています。各教科においても「学びに向かう力、人間性等」を三つの柱の一つとして挙げ、「生きる力」の一つとして、「主体的に生きる」ことがこれまで以上に求められています。

　このように、子供たちの「主体性」をどのように伸ばすかが、大きなテーマとなっていますが、一番大切なことは、子供たちの良いところを見つけてとにかく「褒めちぎる」ことです。子供たちはもともと「主体的」に動きたい、学びたい、やってみたいという気持ちに満ち溢れています。

　特に1年生の子供はその才能がピカイチです。ただ、それをどう表現してよいか分からなかったり、善悪の判断ができなかったり、それを表現する勇気がなかったりするだけです。そのため、担任が子供たちの言動をよく観察し、「これだ！」と思うことをすぐに、そして少し大げさに「褒めちぎる」ことで、子供たちに自信が生まれます。名付けて「ほめほめ大作戦」です。具体的に、次のような言葉を掛けていきます。

> 「すごい！天才！」「さすがだね！」「○○の達人（名人）だね！」
> 「本当に友達思いだね！」「さすがリーダー！」
> 「そんなこと、思いつかなかった！アイデアマンだね！」
> 「いつも○○をやってくれて、ありがとう！本当に助かっているよ！」
> 「いつもフォローしてくれてありがとう！」
> 「よく見ているね！（よく気が付いてえらいね！）
> 「何でも丁寧にできるなんてすごい！なかなかできないよ！」

　こうして褒め言葉のシャワーを浴びせます。もちろん、ダメなことはダメと伝えた上でのことですが、良いことはどんどん褒めます。褒め言葉は魔法の言葉で、主体的に動くようになる子供たちに驚くはずです。

2. 主体性を育む具体的工夫

　学校では子供たちの「主体性」を育むために、さまざまなイベントがあります。ある学校では、1年生から「親子ドッジボール大会」という面白い催しが提案されました。その経緯を紹介します。

　その学校では毎年、1・2年合同の焼きいも会があり、いもが焼けるまでの間、1・2年生による交流ドッジボール大会を行っていました。2年生中心に会を進めるのですが、その会が終わった後、1年生の子供たちから「今度は自分たちがその会を開きたい！」という声が上がりました。

　もちろん、2年生になったらできるし、1年生だけの会にしてもよかったのですが、担任が「お家の人とやるともっと楽しいかな？」と聞くと、子供たちからは「やりたい！やりたい！」との声が上がりました。そこで実行委員を作り、学校公開日に「親子ドッジボール大会」という形で実現したのです。

　その後、そのクラスでは学級会で、「どうしたら、安全で楽しいドッジボール大会になるか」を話し合いました。クラス全体で話し合ったことで、司会をする実行委員だけでなく、他の子供たちも賞状やトーナメント表、クジなどを率先して作りました。

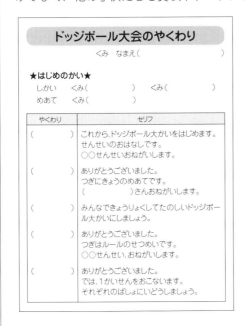
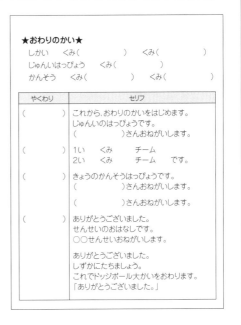

　このように、「主体性」を伸ばすとは、子供たちの「やりたい！」を発揮できる環境を、学校側がどれだけ作れるかです。1年生の子供たちは特に「やりたい！」に溢れています。そうした声を大切にして、「協力してくれる仲間がいて、がんばればできるんだ」という、経験を積み重ねれば、自然と「主体性」は生まれます。

2 子供の協調性を伸ばす小ネタ&小技
ー各教科・特別活動での工夫ー

1. 協調性を育む学級経営の留意点

　協調性とは何かについて、『大辞林 第三版』には「他の人と物事をうまくやってゆける傾向や性質」と書かれています。学級の中では、「他の人と物事をうまくやっていける」体験をさまざまな活動を通して行っていくことが大切です。集団の中でうまくいったり、うまくいかなかったりする経験を積み、自分や友達の感情に気付くことで協調性が育まれていきます。具体的には、以下の4点が協調性の土台となりますので、留意して学級経営をしていきましょう。そうすれば、クラスのみんなが仲良しになります。

---

① 人の話をきちんと聞くことができる。
② 自分の意見を言うことができる。
③ 他者の気持ちを思いやることができる。
④ 集団のルールが分かり、それに従うことができる。

---

2. クラスのみんなが仲良しになることをしよう

(1) じゃんけんチャンピオン (学活)

　出会った人とじゃんけんをし、連続でなくてもよいので、3回勝った人から順番に並んで輪を作ります。じゃんけんをする前に握手をして「よろしくお願いします」とあいさつをすることで、クラスの仲も深まります。全員が並び終わったらチャンピオンを発表し、チャンピオンと最後まで残った子に感想を聞きます。そして、クラスの友達からご褒美タイムとして、その子の良いところを発表してもらいます。勝っても負けてもみんなで楽しめますし、クラスが温かい雰囲気になります。また、負け続けた子も、何度もじゃんけんをして楽しく過ごすことができます。

(2) 「こおりおに」と「バナナおに」 (体育)

　「こおりおに」は、おににタッチをされたら氷になり固まるという、おにごっこをアレンジした遊びです。氷になった子は、仲間にタッチされると再び動けるようになります。また、「バナナおに」は、おににタッチをされたら両手を頭の上にあげて、手のひらを合わせます。

一人の仲間にタッチされたら一方の手を下ろし、二人目の仲間にタッチされたら、再び動くことができます。友達に助けられる喜びをゲームの中で味わうことができます。

（3）○のつく言葉集めゲーム（国語）

　班で協力をするゲームです。例えば、お題「『あ』から始まる言葉を集めてください」と言い、制限時間10分以内に何個考えられるか班の人と協力して紙に書きだします。書き方は自由で、どのように書けばたくさんの言葉を書けるのか、子供たちは工夫します。一つのお題が終わったら、黒板に貼り、全員で確認します。繰り返すうちに、子供たちは要領を得て班の中でより良い方法を見つけ出していきます。みんなで協力することの楽しさを味わえる遊びです。お題は、「言葉の最後が『い』になるもの」「カタカナ言葉」「くだもの」など、いろいろアレンジして楽しめます。

（4）ペットボトルのキャップで造形遊び（図工）

　ペットボトルのキャップを500個以上用意します。「重ねる・積む・並べる・集める・つなげる」は可、「投げる・転がす・滑らせる」は不可とし、「一人でしても誰かと一緒にしてもよい。人の嫌がることはしない。楽しくする」などの基本ルールを伝えます。あとは、時間と場所を確保し、見守ります。「貸して」「交換して」「一緒にやろう」などと子供たちは考えながら交流し、協調性が育まれます。

（5）「ありがとう」「すてきだね」探し（学活）

　誰かに何かを言ってもらったり、してもらったりして、うれしかったことや感謝の気持ちを伝えます。「休み時間に○○さんがおにごっこに誘ってくれてうれしかったです。ありがとう」というように、全員が順番に発表します。発言できないときには、「パスします」と自分の気持ちを伝えます。毎回続けていると、言えるようになってきます。また、うれしかったことだけでなく、「○○さんのいいところは、算数で何回も問題に挑戦していたところです」など、友達の素敵なところを探して発表するのもよいでしょう。友達に「ありがとう」を言われると心のコップが満たされ、優しい気持ちになれます。また、「あなたのここがすてきだね」と、言われると自分の良さに気付くことができます。人間関係づくりの土台は、自分の良さに気付くことです。そのような場を学活だけでなく、各教科の中でも作っていくことで協調性が育まれます。

―― 参考文献 ―――

・甲斐崎博史『クラス全員がひとつになる学級ゲーム＆アクティビティ100』（ナツメ社）

3 外部の人との連携の 小ネタ&小技
一多様な人材と、 具体的にどう関わっていくか一

1. 外部人材との連携の重要性

　昨今は、スクールカウンセラーや学習支援員、大学生や保護者によるボランティアなど、学校が外部のサポートを受ける時代に変化してきました。学校現場では学級・学年・学校という枠を超えて、そうした人たちと連携しながら、子供たちがより健やかに成長していく環境を整えることが求められているのです。

2. 学習支援員との具体的な関わり方

　1年生という学校生活に適応する時期に、学習支援員の存在は大きいものがあります。前年度の就学時健診や保育園との面接等を経て、年度当初に「支援員」が配置されるかが決まります。配置された場合、ほぼ毎日支援員と二人三脚での学級運営が行われます。

　基本的に、学級全体の様子を見るのは担任の役割ですが、支援員には自身がサポートする子供だけでなく、その他の子供たちの様子なども見てもらいます。そのため、一番大切なのは「話す」ことです。

　いつ話すかというと、授業中や休み時間にです。支援員の言葉は学級運営の宝物になります。また、配慮が必要な子供についての記録がノートに記載されるので、それを参考に支援計画を作っていくことも大切です。

3. ゲストティーチャーとの具体的な関わり方

　総合や生活などにゲストティーチャーを迎えて、授業を行うことがあります。どのようなゲストティーチャーを呼ぶかは、学校によって違っていて、中にはそれがレギュラー化している場合もあります。いずれにせよ、基本的には、

①予定を決める ②事前授業をして迎える準備をする ③お礼の手紙等を送る

という流れになります。ゲストティーチャーとの事前の打ち合わせがあることも多いので、その時までに聞きたいことをリストアップしておくと、スムーズに運営できます。

4. スクールカウンセラーとの具体的な関わり方

　近年、スクールカウンセラーはどの学校にも配置されています。ただ、小学校においては、「いつ」「どこで」「どのように」関わっているのかが見えにくい存在でもあります。基本的には管理職と教育相談担当で対処しているからです。スクールカウンセラーは専門知識を持っているので、クラスの気になる子供の様子を見てもらい、専門的なアドバイスをもらえます。気になる子供がいれば、生徒指導部会に上げたり、直接管理職に相談したりして、外部の人の力を借りながら、解決していくことが大切です。

5. 大学生ボランティアとの具体的な関わり方

　大学生ボランティアの大半は、「学校の先生になりたい」という人です。中には、その学校で教育実習をした後、そのままボランティアとして関わる人もいます。そうした人たちには、なるべく教師の業務が分かる活動、子供と関わる活動をしてもらうのがよいでしょう。具体的に、

①休み時間に、レク活動で子供たちと一緒に遊ぶ。
②宿題等の丸付けをする（それぞれの教師のやり方が学べる）。
③プリント類の印刷。

などです。未来の教師に、少しでもたくさん子供たちと関わってもらいましょう。

6. 保護者ボランティアとの具体的な関わり方

　学校では生活科や総合的な学習の時間などに、保護者の手を借りながら学習を進めていくことがあります。保護者の方にボランティアとして参加してもらう場合は、前もって学年だよりなどでお知らせして調整します。事前の打ち合わせができないので、当日少し早めに集合してもらい、簡単に手伝いの流れを説明します。
　また、コロナ禍の現在は、消毒や清掃などのボランティアをしてもらうこともあります。保護者の力を借りながら、子供たちが安心・安全に過ごせる学習環境を整えていくことが大切です。

4 学習評価・通知表の小ネタ&小技
ー子供の成長を促す工夫ー

1. 指導と評価

　よく「指導と評価の一体化」と言われるように、指導だけでも評価だけでも子供たちの成長にはつながりません。一人一人の良さや課題を適切に評価し、指導につなげていく必要があります。

2. 次のステップのための通知表

　通知表は、受け取った子供や保護者が成長や良さを理解でき、次のステップへ進むための課題が分かり、「次もがんばるぞ！」と意欲を持てるものにしたいところです。

（1）学年で共通理解を図る

　クラスによって評価基準が違っていると、子供の評価を適切にできないだけでなく、子供や保護者の信頼も失ってしまいます。学校全体で評価について共通理解を図るとともに、学年の教員間で細かい基準をよく話し合っておくことが必要です。目指す姿や基準が明確になると、授業や指導も充実します。

（2）「記憶」ではなく「記録」

　評価するには判断材料が必要です。テスト以外にもノートやプリント、発言状況など、こまめな観察や記録が大切です。保護者に「どうしてこの評価なのか」と聞かれても、記録を基に説明できるようにしておく必要があります。

（3）保護者に通知表の意味を伝える

　1学期の通知表は、1年生の子供や保護者が学校からもらう初めての通知表ですので、懇談会等で通知表の見方や意味について伝えておくとよいでしょう。通知表では評価しきれない良さや可能性があること、○の数だけで一喜一憂するのではなく、良さやがんばりを認め、励ましの材料にしていただくよう、お願いをします。

3. 評価や採点の工夫

（1）丸付けの効率化

　単元テストなどは、1人（1枚）ずつ採点するのではなく、1問（数問）ずつ丸付けをします。そうすることで、問題別の子供たちの理解度も分かり、指導にも生かせます。記述問題も採点もしやすく、採点ミスも減ります。採点しながら回答も暗記してしまうので、結果的に1人ずつ採点するより効率的です。

（2）表にコメント

　原稿用紙に書いた作文、何枚も重なったプリントには、表に評価の記号やコメントを書きます。子供の目に止まりやすく、すぐ読むことができます。また、評価を補助簿に転記も簡単です。

（3）授業中の評価

　授業中の発言や観察で評価をするときには、名簿で名前を探しながら記録すると評価に時間がかかってしまうので、付箋に「Ａ」評価と「Ｃ」評価の子供の名前をメモします。それをその日の教科書の学習ページに貼っておき、放課後に補助簿に記入すると、子供の良い瞬間を見逃さずに、授業中にも評価することができます。1単元1枚の座席表に評価を記入する方法もあります。評価がたまると支援が必要な子も見えてきて、指導に生かすことができます。

（4）レベルアップ花丸

　ノートやプリントの取り組み状況に合わせて、花丸もレベルアップしていきます。子供は「次はどんな花丸がもらえるだろうか」と楽しみになり、学習意欲が湧いてきます。同僚の先生に、オリジナルの花丸を聞いてみてもよいでしょう。

ちょうちょが増えたり、
流れ星が出てきたり…

「がんばろうかたつむり」
「できましたこさん」
「グッドくま」「花まるライオン」
など動物にも。

―― 参考文献 ――

・小川 拓『効果2倍の学級づくり』（学事出版）

5 保護者対応の小ネタ＆小技
―信頼関係の構築に向けて―

1. 保護者対応と学級経営の基本的な考え方

　保護者と教師の子供への思いは、異なるものでしょうか。視点や関わり方は違いますが、「子供をより良く成長させたい」「子供の可能性を広げたい」「健康で安全な生活を送らせたい」など、見ている方向は同じです。しかし、視点や関わり方の違いから、保護者と同じ方向を見られていないように感じることもあります。

　保護者に対応するときに一番大事なことは、「見ている方向、子供への願いは同じである」という事実を忘れないことです。そして、教師と保護者は、子供への支援の仕方や場所が違うだけで、お互いが同じ方向を見て協力していくべきです。そのことを保護者に理解してもらうことが、良き学級経営にもつながっていきます。保護者の協力が不可欠であることは、懇談会や学年・学級便りを通して伝えるとともに、教師はそのことを常に念頭に置いて、保護者と接していきましょう。

2. 保護者の信頼を獲得する具体的な工夫

（1）連絡帳でのちょっとしたやり取り

　連絡帳での連絡や相談に対して、「いつもご連絡ありがとうございます」「ご協力ありがとうございます」など、感謝の気持ちを添えて返事を書きます。余裕があるときは、子供の様子や良い点を書くと信頼も深まります。

（2）連絡帳に子供の「一行日記」を

　1年生の後半には、毎日の連絡事項の中に「一行日記」を書かせるようにします。すると、保護者は学校の様子が見えるようになり、安心します。1行なので、家での会話も続きます。日記が苦手な子供、連絡帳を書くのに時間がかかる子供には、担任がサインをするときに、

口頭で今日の日記を言ってもらいます。

（3）電話での連絡は、連絡帳には書きづらい出来事があったときに

①子供が帰宅する前に連絡したいこと

　首から上にけがを負ったときや友達とのトラブルが解消できずに下校したときは、下校指導後すぐ保護者に連絡をすることが大切です。子供から話を聞く前に、教師から事情を伝えておくことで信頼が深まります。

②子供が保護者と話した後に連絡したいとき

　生徒指導的な問題が起きた場合は、子供から直接、保護者に話すことを指導の一つにすることがあります。その場合は、下校後少し時間を空けて、家庭に電話をします。そして、電話をしたのは指導してほしいからではなく、子供の気持ちをサポートしてもらいたいこと、トラブルは子供が成長するために必要な体験であることを伝えます。最後に、その子が別の面でがんばっていることも伝え、前向きな気持ちで電話を切るようにします。

　具体的な伝え方の例を以下に示します。

> 　こんなことがありましたが、〇〇さんは、自分からこんなふうに言ってくれました。やさしいお子さんですよね。学校で確認した事実だけをお伝えしました。ただ、学校では言えなかった気持ちもあるかと思います。お子さんの気持ちに共感して聞いてあげてください。何かありましたら、また、学校にご連絡ください。
> 　〇〇さんは、最近、こんなことをがんばっていて、素敵なところをたくさん見せてくれています。だから、他の面では安心してください。

　保護者の相談には、必ず共感してから、「大丈夫ですよ」と伝えると、安心してもらえます。保護者の気持ちが子供に影響を与えるので、そうして安心感を持ってもらうことが大切です。

（4）保護者にお会いしたとき

　保護者と会ったときは、「いつもありがとうございます」と、こちらから先に声を掛けます。保護者が話すことがなくても、「いつもがんばってますよ」「〇〇が上手ですね」「おうちで、何かしてくださっているのですか」と、保護者に寄り添う形で、話をするとよいでしょう。

（5）学級便りに保護者の感想を掲載

　授業参観や懇談会に保護者が参加したときに、「感想をお寄せください」と投げ掛け、書いてくださったコメントを匿名で学級便りに載せます。その言葉がクラス全体に伝わり、信頼感の醸成につながります。

6 提出物処理の小ネタ＆小技
ー明日からできる工夫の数々ー

1. 提出物処理と学級経営

　学校では、宿題やプリント類など、子供たちが毎日提出しなければいけないものがあります。子供たちにとって分かりやすく、さらに教員側も限られた時間の中で効率的なシステムをどう作るかがポイントです。提出物の処理は学級経営に大きく関わります。どのように提出したらよいか分からないと、子供たちが混乱するからです。1年生の場合、初めは大変ですが、慣れてくれば自分のやり方でできるので、2学期以降はぐっと楽になります。以下の具体例を参考にしながら、自分なりのシステムを作っていきましょう。

2. 提出物処理の具体的な工夫

（1）朝来たら、教師の机の上に向きをそろえて出す

　これは、基本中の基本です。よくＡ4サイズの入るかごを準備して、「音読」「算数」などと書いておき、かごの中に提出するというやり方がありますが、「前の人が出しているところに同じ向きで重ねていく」という方法もあります。提出物の量や大きさは日々変わるので、この方法はお勧めです。向きをそろえて出すことで、その後のチェックが格段にしやすくなります。また、提出物が少ないときには、必ず相手から見て正面になるように提出するように伝えます。

（2）集金は直接提出する

　学校であってはならないことの一つが、金銭トラブルです。1年生の一番初めに「お金は必ず手渡しで」と伝えてこれを徹底しましょう。ここで、「相手に物を渡すときは相手から見て正面になるように」ということと、「お願いします」とあいさつすることも一緒に教えます。

　集金する際は、必ず中身を出してチェックします。お金を落としてしまう子やおつりが必要な子、中身がないまま提出する子など、1年生の場合はいろいろと対処しなければ駄目なことがあるからです。直接手渡しすることで、トラブルを防ぐことができます。また、おつりが必要な子には連絡帳を持ってきてもらい、そこに「次回はおつりのないようにお願いします。〇円返却させていただきました。確認印をお願いします」とメッセージを書き、セロ

テープでおつりを貼って渡します。「おつりのないように」ということは、懇談会や学年通信でも伝えましょう。

（3）直接集めたいものは、朝黒板に書いておく

夏休みや冬休みの宿題、アンケート類など、名簿の順に確実に集めたいものなどは、少し時間をとってでも後で集めます。黒板に書いておいて、後で順番に提出させます。

（4）枚数を数える

朝の会を進めている間に、それぞれの提出物の枚数を数えます。未提出が何人か分かるので、担任の話のときに確認できます。また、健康カードなど必ず必要なものは、健康観察の際にこれを使って呼名すると落ちがありません。

3. 時短術

1年生の後半になったらできる便利な時短術を紹介します。

①提出は名簿順にする。

　　上から1番で自分のところに提出物を挟んでいきます。
　　初めは時間がかかりますが、後々とても楽です。

②ノート、ワークシートの右上に必ず大きく番号を振らせる。

　　名前順に集めやすく、誰が出してないかすぐ分かります。

③係・当番活動の一つに入れる。

　　係の子がチェックするので、提出物のダブルチェックができます（子供たち同士で提出していない子に自然と声掛けするようになります）。

④学校に提出しなければいけない書類には、番号付箋を挟んでおく。

⑤未提出の子供は、黒板にネームプレートを貼らせる。

⑥プリント類のストックを用意しておく。

　　忘れ物が多い子供の場合、その場で直接書いてもらう方が、提出物が確実にそろいます。「一緒にがんばろうね」と声掛けをして、その場で書いてもらうためにプリント類の予備を用意しておきましょう。

⑦配付物コーナーを確認する。

　　提出と配付はワンセットです。宿題類の配付の漏れがないように、帰りの会では、必ず配付物コーナーをチェックしましょう。

教師と子供たちの明るい未来に向けて

　本書「はじめて受け持つ小学校１年生の学級経営」をお読みくださり、心から感謝申し上げます。「はじめに」で書いたように、本書は子供たちに「主体性」と「多様な他者と協働する力」を養うことを目指し、そのためのネタや工夫等がたくさん盛り込まれています。

　ただ、読んでいただいて分かるように、専門的な理論や理屈は、ほとんど書かれていません。それは、学級経営に困っている現場の先生に、即戦力となる情報を提供することで、不安や負担を少しでも軽減してほしいとの思いで編集しているからです。もし、「主体性」とは何か、「協働」とは何かと、理論的なことをもっと突き詰めて学びたいという方は、ぜひ他の専門書等を当たってみてください。

　今、学校は「大変な時代」を迎えています。新しい学習指導要領では、「主体的・対話的で深い学び」が導入され、これまでのコンテンツベースの学びから、コンピテンシーベースの学びへの転換が求められています。また、小学校においては教科としての外国語（英語）やプログラミング教育なども、教育課程に入りました。さらには、GIGAスクール構想で１人１台のデジタル端末が入り、それを活用した学習活動も求められています。

　次から次へと降ってくる教育改革と、ますます多様化する子供たちを前に、疲弊気味の先生も少なくないことでしょう。2021年度から、段階的に「35人学級」になるとはいえ、要求されることがこのまま増え続ければ、負担は一向に減りません。教育行政には、教師の負担軽減に向けて、抜本的な改善策を講じてほしいところです。

　多忙化解消に向けて、教師自身でできることは何かといえば、仕事を効率的にこなしていくことです。換言すれば、「手を抜くところは抜く」ということでもあります。「そんなこと、子供のことを考えたらできない」と言う先生もいるかもしれませんが、仕事を効率化することが、必ずしも子供のマイナスに作用するとは限りません。

　日本の学校教育は世界的に見ても非常に手厚く、面倒見が良いと言われています。一方で、そうした手厚さが、子供たちの主体性を奪い、受け身の指示待ち人間を育ててきたとの指摘も、最近は多くの教育関係者がしています。「手を抜く」と言うと聞こえが悪いですが、ある程度は子供自身に活動を委ね、手放していくことも必要との見方もできます。何より、

「子供のために」と、教師ががんばり続けた結果、心身を壊してしまったら元も子もありません。実際に、そうした先生方が全国にはたくさんいます。

　そうした観点から、本書では効率的に学級経営ができる工夫や小技なども数多く紹介してきました。その多くは、全国のどの学校、どの学級でもすぐに使えるものです。実際に実践してみた先生の中には、「子供たちが大きく変わった」と言う人もいます。学級経営が変わり、子供が自主的・主体的に動くようになれば、教師の負担も少なからず軽減されます。

　また、これからの小学校教師には、1〜6年の全ての学年を受け持つ資質も求められています。中には「私は低学年のスペシャリストになりたい」などと考えている人もいるかもしれませんが、そうした意向が通らない時代になりつつあるのです。その意味でも、1〜6年生の全ての学年の学習内容を把握することはもちろん、発達段階的な特性なども理解した上で、学年に適した学級経営もしていかねばなりません。学年別で編集された本書は、そうしたニーズにも対応する形で執筆・編集されていますので、ぜひ参考になさってください。

　2020年から猛威を振るう新型コロナウイルスにより、学校の教育活動には多くの制限がかかっています。係活動や当番活動、学級会なども、これまで通りのやり方ができず、苦労をされている先生も多いことでしょう。本書で紹介した実践の中にも、感染症等が蔓延している状況においてはそのまま実践するのが困難なものもあります。実践方法を工夫するなどしてご活用ください。
　より良い未来を築くために、子供、教師、保護者、地域の方々等、学校教育に関わる全ての人々が幸せになれる教育活動を共に実践、推進していきましょう。
　子供たちや先生が伸び伸びと活動できる素敵な日々が続くことを祈っています。

2021年3月

小川　拓

編著

小川　拓（おがわ・ひろし）

共栄大学准教授／元埼玉県小学校教諭

1970年、東京都生まれ。私立、埼玉県公立学校教諭・主幹教諭を経て、2015年度より共栄大学教育学部准教授。2007年度から埼玉県内の若手教職員を集めた教育職人技伝道塾「ぷらすわん塾」、2015年より「OGA 研修会」（教師即戦力養成講座）を発足させ、若手指導に当たっている。主な図書に『効果2倍の学級づくり』『できてるつもりの学級経営9つの改善ポイント―ビフォー・アフター方式でよくわかる』『子どもが伸びるポジティブ通知表所見文例集』（いずれも学事出版）他がある。

執筆者・

内田　千枝（埼玉県志木市立宗岡小学校教諭）

竹井　秀文（愛知県名古屋市立楠小学校教諭）

長山　恵美子（埼玉県川口市立幸町小学校教諭）

廣瀬　智子（埼玉県川口市立柳崎小学校教諭）

細野　亜希子（埼玉県戸田市立笹目東小学校教諭）

森　　恵（埼玉県川口市立元郷南小学校教諭）

はじめて受け持つ
小学校1年生の学級経営

2021年4月15日　第1版第1刷発行

編　著 ── 小川　拓

発行人 ── 花岡　萬之

発行所 ── 学事出版株式会社
　　　　　〒101-0021
　　　　　東京都千代田区外神田2-2-3
　　　　　電話 03-3255-5471
　　　　　http://www.gakuji.co.jp

編集担当 ── 二井　豪
編集協力 ── 株式会社コンテクスト
デザイン ── 細川 理恵（ホソカワデザイン）
印刷・製本 ── 精文堂印刷株式会社

© Hiroshi Ogawa, 2021　　　Printed in Japan

乱丁・落丁本はお取り替えします。
ISBN978-4-7619-2693-9　C3037